JN438677

화폭을
채우다

육정숙 수필집

화폭을 채우다

지나간 시간들에 대하여
미련을 품은 발길이
가을 한줌 볕에 머물렀다.

수필과비평사

책머리에

시간은 수수께끼 같았습니다.
날개가 젖어 날지 못하고 있었을 때
그 시간이 결코 짧지만은 않았습니다.
그러나 시간은 젖은 세포들을 시나브로 말리고
제게 소소한 일상을 선물했습니다.
이른 아침 산책길을 따라 풀잎에 연 이슬이
사랑을 움틔우고
캄캄한 밤하늘에서 더욱 빛나는 별들은
하나, 하나 간절한 기도가 되고
찬란히 빛나는 햇빛이,
결 고운 바람이,

흩어졌다 모이는 구름이,

설렘이 되고

이제는 길을 가다가 발끝에 차여 구르는

작은 돌 하나에도 가슴이 뭉클합니다.

이 삶의 소소한 풍경들을

서툴고 어설픈 몸짓으로 그려 보았습니다.

이 생生에 가까이 멀리 연緣이 된 모든 분들께 감사드립니다.

2021년 가을에

육정숙

차례

제2부 한 송이 꽃으로

제3부 한 점 섬이 되어

제4부 천천히, 느리게

제5부 화폭을 채우다

제1부

산다는 일

산을 오르며

산을 오르다 보면 진실하게 흘리는 땀의 가치, 채움보다 비움에 대한 의미, 자연의 질서 앞에 온전히 순응할 줄 아는 겸손을 배우게 된다.

코로나바이러스 같은 보이지 않는 것들에 대한 두려움으로 행동 반경에 제약을 받으니 일상이 답답하다. 그럴 때 숨이 차도록 걷고 나면 기분이 나아진다.

때때로 근처 목령산을 오른다. 마스크를 착용하고 산을 오르다 보면 상쾌한 바람에 마스크를 벗게 된다. 산행하는 이들이 멀리 있거나 보이지 않으면 마스크를 벗고 사람들이 가까이 오면 착용하기를 반복하다 보니 불편했지만 산행이 주는 즐거움에 비하면 불편함은 얼마든지 감수할 수 있었다.

산길을 걷는 일은 내게 유일한 즐거움이다. 때론 일상에서 감정의 기복이 심할 때 등산로를 걸으면서 나무들에게 속내를 털어놓기도 하고 시원한 바람을 마주하며 흔들리는 감정을 다독이기도 한다. 그렇게 걷다 보면 감정의 파동은 잔잔해지고 마음에 평온이 깃든다. 산행은 조여 오는 생각들을 느슨하게 해준다.

정상은 까마득한데, 육신은 땀으로 범벅이 되고, 호흡은 거칠어져 다리마저 후들거렸다. 벼룻길은 가팔라서 오금이 저리고 예고 없이 나타난 험준한 바위 앞에선 갈등이 일었다. 돌아서야 할지 앞으로 나아갈지를 두고 오기가 발동했다. 그러나 준비 없는 무모함으로 기어오르다가 호되게 미끄러지고 좌절과 포기를 온전히 끌어안을 수밖에 없었다.

세상에 길들여지지 못하여 매사가 낯설고 어설픈 나는, 세상 속으로 걸어가는 길이 여전히 두렵다. 산을 오르는 일도 마찬가지다. 그러나 고목에 제 몸을 칭칭 감고 오르는 덩굴식물을 통해 더불어 살아가야 한다는 것을, 그 모두를 품고 가는 고목은 양보와 배려를, 발밑에 작은 풀꽃들은 허리를 낮추어야 보이는 것들이 있다는 것을, 바위 틈에 뿌리내린 소나무에서 역경을 이겨가는 강인함을 엿보게 되었다.

자연과 사람은 서로 지극히 닮아있다.

삶의 길은 희로애락의 길이요, 품고 싶지 않은 것들도 품고 가야 하는 길이다. 그렇게 울고 웃으며 인생길의 묘미를 알아간다.

다행히 신은 가혹하지만은 않았다. 험준했던 길에서 만난 산야초의 미소는 막사발 같은 인생에 선물처럼 주어지는 사랑스러운 풍경이었다. 바위틈새 작은 들꽃의 미소도 담백하다. 가녀린 몸으로 바위틈에서 촉을 틔우고 꽃도 피워냈다. 애련함에 가만히 들여다보니 그 미소엔 매임이 없다. 오히려 느긋하고 태연하다. 어둡고 추웠던 겨울의 모진 바람도 잘 견뎌냈구나.

기특하고 대견하다. 사랑스럽다. 가냘프지만 오히려 결연한 그의 자태가 애련해 보이는 것은 바라보는 내 마음이 그러한 것이리라. 그는 박토든, 옥토든 탓하지 않았다. 제 주어진 자리에서 묵묵히 제 몫을 다하고 있었다. 그들 앞에 부끄러운 것은 나 자신이었다.

조금 부족하면 어떠랴, 그냥 그 모습 그대로면 되는 일이었거늘. 이 단순한 논리를 두고 늘 이유도 핑계도 많았다.

산은 한 발 한 발 내딛지 않고서는 정상에 오를 수 없다는 것을, 조용히 내게 확신을 준다. 그것이 바로 진실하게 흘린 땀방울의 가치라고.

많이 부족하지만 보이는 모습 그대로 용기를 내본다. 빌딩숲이 하늘로만 치솟는 거리로 겁 없이 성큼 한 발을 내디뎌 본다.

깨침꽃

가슴에 품을 그리움 하나 있다면 비바람 불어와 흔들리는 삶일지라도 행복할 수 있으리. 산 넘고 바다 건너 불어오는 오월의 바람은 화장사 도량에 꽃향기로 머문다. 아무리 거칠고 모진 사람이어도 불전에 향 살라 백팔번뇌百八煩惱, 업장소멸業障

消滅, 원하여 빌고 또 빌어 모두 다 부처 마음이요, 화장사 도량 둘러, 보이는 곳마다 극락정토다.

눈부시도록 하얀 미소가 가득한 화장사는 청주 상당산성의 정기를 이어받은 범박골 끝자락에 자리한 비구니 사찰이다. 그곳에 가면 가침박달이라는 나무가 있다.

우리나라 중부 이북에서 자라는 흔치 않은 나무이며 산림청 보존 순위 105번째의 식물이라고 한다. 1~1.5m 크기의 평범하고 작은 나무인데 꽃은 흰색이다.

하지만 그저 하얀색이 아니다. 하얀 꽃이파리가 맑고 투명하여 단아하고 청순하다. 그를 가만히 들여다보고 있으면 오월의 햇살 같은 눈부심에 설렘이 인다. 손발이, 온몸이 저려 온다.

가침박달 꽃은 바람 불어 흔들릴 때마다 향기는 화장사 넓은 도량을 가득 채우고 하얗게 빛처럼 쏟아지는 미소는 사람들의 마음을 훔친다. 언뜻 보기엔 수수하다. 여염집 마당 한 귀퉁이에 대충 심겨져 있을 것 같기도 하고, 산비탈 박토에서 봄직한 나무인 것 같기도 하여 친근감이 든다. 그러나 다음 해 꽃을 피울 때까지 열매가 떨어지지 않는다 하니, 그 사랑의 깊이를 어리석은 중생의 눈으로 어찌 가늠하리요. 꽃잎 하나 보듬고 싶은데 미련한 중생인지라 먼발치서 바라볼 수 있는 것만으로도 큰 기쁨이다.

봄에 피는 꽃들은 대부분 꽃이 먼저 피고 나중에 잎이 나지만 가침박달나무는 꽃과 잎이 동시에 피고 가을에 열매를 맺었다가 다음 해 꽃이 피는 것을 보고 나서야 열매가 떨어진다고 한다.

화장사 무진 스님은 가침박달 나무는 꽃과 잎과 열매를 동시에 볼 수 있어, 만남과 이별이 없고, 생성과 소멸이 없고, 피고 짐도, 가고 옴도 없는 하나, 그것은 항상 머물러 있는 법法의 세계이니 모든 것은 마음안에 있어, 지는 꽃을 따라 아쉬움도, 미련도, 애태움도 없는 것이라 했다. 세상 만물이 생자필멸生者必滅이라 하지만 불교의 근본 원리는 불생불멸不生不滅이라. 만법萬法은 마음안에 존재하니 그래서 가침박달 나무꽃을 '깨침꽃'이라 하였다고 한다.

카메라 사각 눈을 통해 가침박달 꽃의 자태를 훔치다가 노老시인은 젊은 여승의 미소를 훔쳤다네. 마음을 하얀 꽃잎에 품고 시인은 소년이 되었다네. 해마다 오월이 오면 푸른 잎 속에 숨어 하얀 꽃잎이 되고 화장사 도량에 머물렀다. 노老시인은 짧은 봄밤, 그윽한 눈빛에 담은 그리움을 시어로 피워 올리느라 하얗게 밤을 지새우고, 여승의 목탁 소리는 지혜는 '비우는 앎'이라 하여 지혜의 덕을 깨우치라고 온 도량을 잠에서 깨운다.

시작과 끝이 없는 하얀 미소는 법열이니 모든 것은 하나요, 있는 듯이 없고, 없는 듯이 있는, 꽃과 열매의 사랑이 빛으로 쏟아져 하늘과 땅의 경계가 없다. 푸른 잎에 몸을 숨기고 하얀 꽃잎에 담긴 사랑, 같이 있어 느끼는 숨결 같은 사랑, 있는 그대로를 바라보고 인정해주는 마음, 연然하여 가슴에 묻은 사랑, 깊은 산속 샘물 같은 사랑.

억겁의 인연으로 법해法海에 한 송이 꽃으로 피어난 깨침꽃. 화장사 도량에 그윽하게 피어오르는 하얀 미소는 세상의 시간을 역류하고, 풍경 소리는 온 생명체에 끝없는 구도의 울림으로 퍼져 나간다.

뎅그렁 뎅~ 뎅그렁 뎅~.

사과 꽃

근래 기상이변이 갈수록 심해져 간다. 삼한사온이라는 온대 기후의 특색도 사라졌다. 요즘은 한겨울 혹한이 지나자마자 기온이 올라가 봄인데도 마치 초여름 날씨 같다. 꽃샘바람에 후들거리던 꽃눈들이 갑자기 높아진 온도에 화들짝 놀라 한 번에 화사한 날개를 펼쳤다. 노란 산수유는 이미 만개하고 벚꽃도 화사한 모습으로 벌과 사람들을 불러낸다. 과수원에선 연분홍 사과 꽃눈이 부풀대로 부풀어 올라 건드리기만 해도 터질 것만 같다.

성급한 날씨 덕에 바람은 꽃향기를 품고 온 산야를 건들거린다. 봄은 실종되고 때를 놓칠세라 계절을 쫓아가는 식물들의 모습에서 하루하루 허겁지겁 살아가는 나를 본다. 산다는 일이 그런 것이려니 싶지만 누구든 세상 속에서 자신의 존재가 누군가를 위해 소리 없이 스러져 가야 한다면 어떻게 할 것인가.

우연히 알게 된 사과 꽃의 비밀이 나를 돌아보게 한다.

혹여 원초적인 운명일까 싶었는데 아니다. 운명이라는 것을 찾아보면, "운명은 숙명이라고도 한다. 모든 사물을 지배하는 불가피한 필연의 힘이며 누구라도 따를 수밖에 없고 예측하기 어려운 절대적인 힘으로 비합리적 초논리적인 힘으로 작용한다."라고 되어 있다.

사과 꽃을 제거하는 일은 사과 꽃의 운명이 아니라 인간의 입맛을 위한 인위적인 것이었다. 열매 한 알 맺기 위해 긴긴 겨울, 삭풍을 견뎌 온 시간들이 허무하게 무너지니, 세포 결결이 스며드는 공허함에 넋을 잃은 꽃잎의 시간들이 봄 언덕에서 비틀거리고 있다.

우울한 봄이다. 그러나 다행히 아리스토텔레스는 이런 말을 한다. '인간이 이성을 지니므로 다른 존재보다 우월한 것으로 본다.' 이 말에 위안을 얻어 사과 한 입 베어 문다. 아삭하게 베어 문 사과 육즙이 상큼하고 달달하다.

사과는 가지마다 많은 꽃을 피운다. 사과 꽃이 피는 시기는 품종에 따라 다르고 같은 지역이라 하더라도 해발고도에 따라 피는 시기가 다르다고 한다. 전반적으로 모든 사과 꽃이 피는 시기는 대략 4월 중하순이라고 보면 된다.

사과 품종은 홍로, 감홍, 쓰가루 등이 먼저 피고 며칠 사이를 두고 화홍, 후지가 꽃을 피운다고 한다. 이렇게 사과 품종의 특성에 따라 피는 시기가 조금씩 다른 꽃들이 갑자기 기온이 올라 한꺼번에 피면 적화 시기를 놓칠 수 있어 농부들이 정신없이 바빠진다고 한다.

암술과 수술을 품고 있는 사과 꽃을 보면 사랑스럽게 아름답다. 사과 꽃은 꽃눈이 연분홍으로 터질 듯 봉긋하게 솟아오르다가 꽃이 필 때는 하얗게 핀다. 하얀 사과 꽃 향기를 맡으면 사과 향기가 나지 않고 장미 향이나 찔레 향기가 난다. 사과 꽃이 장미꽃과에 속하기 때문이란다. 그렇다고 꽃잎이 화려한 것도 아니다. 하얀 꽃잎은 여리고 순수한 순백의 미를 지녔다. 그래서일까, 사과 꽃의 꽃말이 유혹이라고 한다. 그런 사과 꽃을 바라보고 있으면 꽃잎의 매력에 꽃잎 속으로 빨려들 것만 같다.

사과 꽃은 피는 꽃마다 열매를 맺지 못하도록 꽃을 따내는 작업을 한다. 이를 '적화'라고 한다. 그러므로 한 마디의 가지에 딱 한 개의 꽃에서만 열매를 맺을 수 있도록 해준다. 이렇게 선택 받은 꽃을 중심화라 한다.

사과 꽃은 한 마디에서 대략 5 내지 6개 정도의 꽃이 피는데 중심화는 정중앙 마디에서 꽃을 피운다. 꽃 크기도 크고 가장 먼저 피지만 가장 먼저 지는 꽃이기도 하다. 그 중심화를 제외한 주위의 나머지 꽃들은 단 한 개의 중심화를 위해 잠시 피었다가 제 운명이 다하기도 전에 강제로 사라져야 하는 것이다.

이는 모든 사과 꽃으로 가야 하는 영양분을 꼭 필요한 꽃으로 보내 큰 열매를 만들기 위한 것이고 또한 열매를 적과할 때 소요되는 시간을 절약하기 위한 것이라고 한다. 꽃으로 피어

열매 한 번 맺어보지 못한 채, 바닥으로 팽개쳐진 사과 꽃잎들. 수태 한 번 못하고 헛꽃으로 스러져야 하는 허무한 봄이요, 슬픈 봄이다.

봄만 되면 꽃잎의 혈흔들이 꽃샘바람으로 일어 품속을 파고드는 바람이 맵고 시린 것인가.

사과 꽃에는 사과 꽃만의 슬픈 비밀이 있었다.

산다는 일

오늘도 여느 때처럼 허겁지겁 아침을 맞는다. 그제도 피곤했고 어제도 피곤했다. 그렇다 보니 매일 맞이하는 아침 시간은 언제나 바쁘다. 나이 든 만큼 아침을 맞이하고 보냈을 터인데 별다른 변화 없이 여전하다는 것이 신기할 따름이다. 어떻든 따끈한 커피 한 잔으로 시작하는 하루가 매일 비슷한 것 같은 일상이지만 다르다.

누군가 "요즘 어때? 잘 지내?"라는 안부를 물어오면 습관처럼 "산다는 일이 그렇지 뭐. 별수 있어."라는 답을 주로 한다. 그렇다. 살아간다는 일이 복권에 당첨되는 일 같은, 그 어떤 대이변이나, 기적이 일어나지 않는 한, 우리의 일상은 늘 그렇고 그런 일상인 것 같다.

하루가 시작되면 누군가는 새벽을 깨우고 누군가는 느지막한 아침을 맞이하게 된다. 그 하루를 어떤 이는 생활고를 위해 사람을 만나고 대화를 나누고, 또 누군가는 컴퓨터가 쏟아 놓는 수많은 데이터와 씨름하고, 누군가는 손에 기름때를 묻히고, 노동을 하는 등 수많은 종류의 일터에서, 각자의 달란트로 최선을 다하는 하루를 보낸다. 그런 하루하루가 우리의 일상이고 또한 일생이 된다.

일상의 연속선상 위에서 사람들과의 관계가 형성되고 그 관계 속에서 삶을 엮어 간다. 누군가는 자신의 삶을 짜임새 있게 엮기도 하고 또 누군가는 엉성하게 엮어 가기도 한다.

누구든 산다는 일에 있어 어느 누구보다 더 잘하고 싶고 멋지게 해내고 싶은 욕망을 지니고 있다. 하지만 그 또한 쉬운 일이 아니다. 삶이라는 테두리는 치열한 경쟁을 치르며 살아내야 하므로 끊임없이 노력하고 발전하지 않으면 안 된다.

길을 가다 보면 문득 발견하게 되는 것이 있다. 보도블록 틈새나 시멘트 포장 틈새로 작고 여린 풀들이 자라서, 꽃을 피우고 마침표 같은 까만 씨가 여물어 가는 것을. 그들을 보는 순간, 가슴이 뭉클해진다. 어떤 연유로 비옥한 꽃밭을 놔두고 황량하고 척박한 이곳에 뿌리를 내렸는지. 안쓰럽고 대견한 마음이 든다. 무심코 지나가다 발에 밟혀 일그러지고 찢겨도 그들은 또다시 생을 일군다. 좌절과 고통을 견디고 살아간다는 일이 결코 쉬운 일이 아닐진대 작고 가녀린 풀꽃이 해내고 있다. 가던 길 멈추고 그들을 들여다본다.

그들을 통해 내게 묻는다. 무엇을 위한 삶인가?

어느덧 구월도 끝으로 달려간다. 칠팔월의 높은 습도와 더위는 사람을 지치게 만들었다. 때가 되니 더위도 가신 듯, 아침저녁 산산한 바람이 불어온다. 굴비 엮듯 줄줄이 달려오던 태풍과 60여 일의 긴 장마는 많은 사람들과 식물들에게 피해를 주었다. 이 땅에 장마와 태풍으로 난장판을 벌여 놓았었는지조차 모르쇠로 시치미를 떼는가. 하늘은 눈이 부시도록 파랗다. 그런 하늘이 무심하다고 해야 할까. 삶의 준비를 제대로 하지 못하고 허덕이며 사는 우리의 모자람을 탓해야 할까.

근래 이상기후로 고생하는 농부들이 있었다는 것조차 잊어버린 높푸른 가을 하늘이 청명하기만 하다.

지독히도 안 좋았던 여름 날씨임에도 아름아름 맺혀있는 열매들이 대견하고 사랑스럽다. 그들에게 가을 햇살이 톡톡 튄다.

삶이라는 것이 복불복인가 싶은 생각에 '세상은 요지경 속' 이라는 유행가 가사를 읊조려본다. 삶의 애환이 잘 표현된 노랫말에서 위로를 받는다. 날씨야 자연의 일이려니 마음을 추스르며, 그렇게 또 하루를 보내고 맞이하는 일이 산다는 일인 것 같다.

힘겨울 때, 서로가 서로에게 위로가 되어주는 노래가 있고 사람과 사람들이 도란거리며 서로를 다독이는 풍경이 있는 하루, 그렇게 살아가는 일이, 우리가 산다는 일일 것이다.

그리운 날들

늘 그 자리에 있을 것만 같았던 것들이 어느 날, 문득 돌아보면 아무것도 보이지 않는다. 그럴 때면 무언가를 어딘가에 두고 온 듯, 허전하다. 돌아갈 수 없는 시간들, 그리움 속에 머무는 시간들을 우리는 추억이라고 한다.

무심천에 벚꽃이 피었다 지면 흔적처럼 까만 버찌가 달린다. 손만 뻗으면 닿을 수 있는 곳에 달려있는 버찌를 보니 입 안 가득 침이 고인다. 까맣게 잘 익은 버찌 하나 입에 넣었다. 그러나 시고 떫은맛에 진저리를 치고 말았다. 새콤달콤하던 옛맛이 아니다. 기억 속의 맛이 아니다. 과일들이 흔하지 않았던 시절의 달달하던 버찌 맛은 이제 추억의 맛이 되었다.

요즘 과일들은 계절의 구분이 없다. 여름에나 맛볼 수 있던 수박이 눈 쌓인 한겨울 백화점 진열장에서, 늦은 봄에나 맛보던 딸기가 한겨울 눈 속에서 더욱 달콤하다. 한여름이나 되어야 구경할 수 있는 참외가 사월이면 샛노란 자태로 입맛을 돋운다. 제철이 아니어도 달고 맛나다. 자태 또한 귀골이다. 이제는 생활이 편리해지고 물질도 넘쳐난다. 백화점이나 마트에 가면 과일이든 생필품이든 원하는 것들을 손쉽게 구할 수 있다.

그러나 물질이 부족했던 시절, 과일이 익어가는 시간을 기다려야 했고 그런 기다림 속에서 설렘을 알았고 설렘 속에서 그리움을 사랑으로 익혀갈 줄 알았다.

어제와 오늘의 변화가, 빠르게 진행되는 디지털시대를 살아내기 위해, 새벽부터 밤늦도록 학교와 학원을 오가는 요즘의 아이들은 자연의 정서와는 거리감이 있다.

오늘은 엄마가 보름에 한 번씩 열리는 장에 가시는 날이다. 어젯밤에 종성이는 검정 고무신 꿈을, 정순이는 예쁜 책가방 꿈을 꾸었다. 그들은 매일 십여 리 길을 걸어서 학교를 오갔다. 학교가 파하면 보자기에 책을 싸서 허리춤에 질끈 동여매고 한 걸음에 집으로 달려갔다.

배미실재에선 한낮에 뻐꾸기가 울었다. 종성인 혹여나 시집 간 누이가 올까 설레는 마음으로 달려갔다. 달리다 보니 발에 땀이 나서 고무신이 자꾸만 벗겨졌다. 벗겨지지 않도록 발바닥에 흙을 묻혀 고무신을 신었다. 사립문을 열어제치며 누이를 찾지만 대답이 없다. 마음에 허기가 드니 엄한 책 보따리만 툇마루로 집어던졌다.

부뚜막에 홀로 걸터앉아 무장아찌 반찬에, 보리밥에 물 말아 마파람에 게 눈 감추듯, 먹어 치우곤 사립문을 쏜살같이 빠져나간다. 오후 한나절, 검둥이가 낮잠을 자는 마을 고샅, 종성이가 달리고 정순이가 뛴다. 키 작은 금도도 악바리같이 뛰었다. 말구리 벚나무를 향해 달렸다.

버찌나무에 대롱대롱 매달린 아이들에게서 버찌 향이 난다.

얼굴에, 손에, 흑 자줏빛 버찌물이 들어도 좋다. 아이들은 푸른 나무가 되었다. 배미실재에서 뻐꾸기가 울면 아이들의 웃음소리가 숲을 가득 채웠다. 한 줄기 바람과 햇살 아래 장다리 꽃대궁처럼 아이들은 쑥쑥 자랐다. 어떠한 힘으로도 변질될 수 없는 것이 자연의 사랑이다. 세월 속에 모든 것이 변하고 사라지는 것 같지만, 자연의 사랑은 변함이 없다.

해가 뜨고 지는 일처럼 익숙한 곳, 어릴 때 뛰어 놀던 곳, 꿈을 피우던 언덕이 있는 곳, 고향이다. 익숙하다는 것은 서툴거나 낯설지 않음이다. 낯설지 않으니 편하고 아늑하다. 우리에게 고향은 바로 그런 곳이다.

눈을 감고도 훤히 알 수 있는 곳, 흙 담벼락 옆에서 접시꽃이 환하게 웃어주던 곳, 그곳엔 젊고 고운 어머니가 계셨고, 버찌 따던 동무들이 있었다. 꿈과 희망이 물안개처럼 피어오르던 곳, 자연의 사랑을 듬뿍 받고 자라던 유년의 강가.

중년의 가슴으로 그리움이 머문다. 이제는 옛집도, 담장 옆 접시꽃도, 꿈을 꾸던 언덕도 사라졌지만, 바람처럼 흐른 세월 저편, 말구리 오솔길로 소 방울 소리 아득하고 배미실재로 들꽃이 흐드러지게 피던 유년의 언덕으로 달려간다.

아마도 살아오는 동안 가장 아름답고 행복했던 때는 유년시절이 아닌가 싶다.

* 배미실재, 말구리: 청주시 월오동 부근.
* 2013년 첫 수필집 《살아있어 아름다운 풍경》에 발표, 퇴고한 글.

초행길

무슨 일이든 처음 접하는 일처럼 힘들고 어렵다면 아마도 나는 그 일들을 모두 포기하지 않았을까 싶다.

세월이 흐를수록 경험과 연륜으로 삶의 깊이는 깊어지고 지혜는 성숙하지만, 감각적인 부분에 있어서 순발력과 지각능력은 점점 떨어지는 것 같다. 나이 들어 갈수록 평소 익숙한 것에 대하여 자신감을 드러내는데 비해, 복잡하거나 낯선 것에 대하여는 선뜻 나서기가 쉽지 않아졌다. 이는 개인마다 차이가 있을 것이다. 단지 나만이 느껴지는 개인적인 능력의 한계인지도 모른다.

한 번도 가 본 적 없는, 먼 곳을 혼자 찾아가야 할 일이 생겼다. 물론 내비게이션의 도움으로 큰 어려움 없이 목적지에 도착했지만, 처음 가보는 길이라 오가는 차량들이 많기도 하고 길이 복잡하여 긴장이 되었다. 무슨 일이든 익숙하지 않은 일들에 대해 두려움이 이는 건 누구나 마찬가지가 아닐까 한다.

초행길이다 보니 내비게이션이 안내를 해도 잠시 긴장을 늦추면 빠져나가야 할 길을 놓칠 때가 있다. 그리하여 먼 거리로 돌아가야 하는 낭패를 보기도 한다. 시행착오로 시간도 에너지도 소비되었지만 또 다른 기회가 된다면 이미 학습된 상태이므로 수월하지 않을까 싶은데, 시간이 흐를수록 점차 기억력이 쇠하여지니 그 또한 믿을 수 없을 듯하다.

아직도 잊지 못하는 기억 하나가 있다. 그 시절엔 자동차에 내비게이션을 거의 장착하지 않았을 때다. 업무가 있어 전라도 고창을 가게 되었다. 출발 시간이 늦어져 미팅 시간을 오후 늦은 시간으로 정했다. 전화번호 하나만 들고 찾아가는 그야말로 초행이었다. 만나야 할 분은 육십 후반의 어르신이다.

웬만하면 길을 찾겠지 싶어 대충 나선 길이 화근이 되고 말았다. 어둠 속에서 길을 찾아간다는 것을 계산하지 못했던 것이다. 가로등도 없고 이정표도 없는 시골의 밤길은 비슷비슷한 길들이 이리저리 나 있었다. 어르신께 전화를 걸면 달 따라 쭉 오다 보면 왼쪽에 작은 연못이 있고 연못 옆으로 집이 한 채 있으니 그리로 오라고 한다. 난감했다.

가다가 돌아서고 왔던 길 다시 돌려, 돌고 돌아 겨우 찾아간 시간이 밤 열 시다. 약속시간은 오후 8시였는데.

우리의 인생길 역시 초행初行이다. 단 한 번 주어지는 길이므로 학습할 기회조차 없다. 그 길을 잘못 들어 고생은 할 수 있지만 가던 길 쉬이 돌리고 또다시 돌리는 일은 결코 쉽지 않다. 혹여 더러는 깊숙하게 들어갔던 시간을 과감하게 내려놓고 방향을 돌리는 용기 있는 이들이 있기도 하다. 남의 일이니 멀찌감치 서서 부럽기만 한 그들의 용기와 능력에 진정한 찬사만 보낼 뿐이다.

깊숙이 들어간 세월 속, 어느 길모퉁이에 서서 내 걸어온 길을 되돌아보며 내게 묻는다. 어딘지도 모르는 목적지를 향해 가는 길이 이 길이 맞는가를. 잘못 들어가도 되돌리기 힘든 길, 앞으로만 가야 하는 길, 그 길은 누구나 초행길이어서 헤매며 가는 길이다. 매일 낯설고 익숙하지 않아 서툰 길이다. 어차피 시행착오를 겪으며 가는 길이다. 그러므로 서둘러 갈 일도 아니다.

지난 시간도 많이 서툴렀지만 내일의 시간도 서툴 것이다. 그런 하루들이 너무 초라해 보잘것없어도 서산으로 지는 석양의 아름다운 위로를 받으며 서두르지 않고 천천히, 아주 천천히 세월 속으로 스며드는 것도 괜찮을 것 같지 않은가.

봄비

봄은 따스한 햇살을 품고 어느새 우리 곁에 와 있다. 움츠렸던 것들이 기지개를 편다. 단단하게 창문을 닫고 겨울을 나던 나뭇가지 잎눈이 빼끔히 창을 열고 수줍게 얼굴을 내민다. 마당가 화단에서도 연둣빛 촉이 내게 생기를 넣어준다. 봄은 이렇게 새로운 것을 찾아 떠날 수 있는 힘들을 솟아나게 한다.

나뭇가지에서, 베란다 창 틈새에서, 재잘거리며 뛰노는 아이들의 모습에서, 파릇하게 내민 냉이의 향기에서, 어린 쑥의 솜털에서, 쟁기질을 시작하는 농부의 굵은 손마디에서 봄을 확인하게 된다.

축복처럼 봄비가 촉촉이 내린다. 대청호를 찾았다. 비 내리는 연유인지, 코로나 영향인지 사람들의 발길이 뜸했다. 대청호는 물안개에 싸여 신비감을 주었다. 하늘인지 호수인지 산인지 경계가 없다. 자욱한 물안개 속에 어렴풋이 보이는 호반이 혹여 무릉도원이 아닐까. 그곳에 가면 새로운 세계가 있을 듯, 호기심을 유발시켰다. 미세한, 한 방울의 물방울들이 모여 만들어낸, 별천지다. 지상의 세계가 아닌 천상에 온 듯하여, 설렌다.

삶 속에서 맺어놓은 규범의 옷을 모두 벗어버리고 저 호반 위를 건너가 볼까. 가던 길을 벗어나 이탈해야만 할 것 같은 감정이 이성을 흔들어댄다. 지난겨울 혹독한 추위를 견뎌내느라 나름 힘들었던 탓이려니 싶다.

차분히 내리는 비를 따라 잔잔히 흔들리는 숲길을 걸었다. 나뭇가지로, 솔잎으로, 가랑잎으로 떨어지는 빗소리가 모두 다 다르다. 악보도 지휘자도 없는데 각각의 소리들이 튀어 오름이 없다. 환상의 어울림이다. 듣기에 좋다. 편하다. 빗소리의 조화로운 음률이 초록한 풍경에 운치를 더한다.

듣는 이로 하여금 마음이 편안해지니 느슨해지는 신경을 따라 내 본질에 머물고 싶다. 빗물이 나인지 내가 빗물인지, 이곳의 일부가 되니 팍팍했던 세상살이에 유폐되었던 마음이 생기를 얻는다.

문화재단지 문산관 추녀에서 떨어지는 낙수 소리도 제각기 다르다. 문산관은 조선시대 문의면의 객사이다. 많은 사람들이 오갔던 곳이었기에 질러대는 소리들도 다양했으리라.

떨어지는 빗방울도 어디에 떨어지는가에 따라 그 소리가 다 다르듯, 우리의 삶 속에서도 소통하자고 질러대는 소리들이 다 다르다.

서로의 관계 속에서 나오는 소리들이 각기 다를지라도 듣기에 좋고 보기에 좋으면 모두에게 좋은 것이다.

봄비 속에서 숲의 화음을 즐기며 「빗방울」이라는 어느 시인의 시를 읊조려본다.

빗방울이 개나리 울타리에 솝-솝-솝-솝 떨어진다.
빗방울이 어린 모과나무 가지에 톱-톱-톱-톱 떨어진다.
빗방울이 잔디밭에 홉-홉-홉-홉 떨어진다.
빗방울이 현관 앞 강아지 머리통에 돕-돕-돕-돕 떨어진다.

각자 내는 소리를 음률로 만들어 내는 시인의 외침이 봄을 부른다. 시인의 소리가 비 내리는 숲속을 걷는다. 혹독했던 추위도 지나가고 순간, 순간이 춥고 시렸던 날들도 이제 봄을 품겠다.

봄은 남쪽, 먼 곳에서 오는 게 아니다. 내 안에서, 가까운 이웃에서, 내 집 창문을 열면서 봄은 시작되는 것이다.

생각의 차이가 겨울과 봄을 구분하는 것이다.

뒷모습

어느새 가을인가. 피부로 스치는 바람결이 산산해졌다. 태양 빛도 엷어졌다. 여름처럼 이글거리지 않는다. 빛이 닿는 곳마다 달달한 향기가 튄다. 가을은 단단히 여물어 가는 계절이며 달콤하고 향기로운 계절이요, 한편으론 이별의 계절이다.

가을빛이 우려낸 산과 들은 소리 없이 시간을 정리하고 있다. 초목들은 긴 겨울을 보내기 위해, 제 몸의 일부분과 이별을 해야 하고 한 생애의 마지막 열매들이 익어가기에 혼신을 다해야 하는 시기다.

나무는 종족 번식을 위해 씨를 단단하게 여물게 하거나 내면으로의 성장을 위하여 떨켜층을 만들어야 한다. 이는 곧 다가올 이별을 준비하는 것이다. 떨켜층은 누군가의 힘을 필요로 하지 않고 제 몸의 일부를 스스로 떨어지게 만든다.

나무와 잎은 서로에게 깊은 믿음이 있다. 서로의 은혜를 잊지 않는다. 봄에 촉을 틔우고 잎을 키워내느라 애쓴 나무에게 잎은 여름에 태양 빛을 듬뿍 받아 나무에게 영양을 내려준다. 사람으로 일컬으면 은혜를 갚는 일이다. 잎의 됨됨이를 느낄 수 있는 모습이다. 가을이 되면 나무와 잎은 서로 협력하여 나무는 뿌리에서 영양분이 올라오는 길을 막고, 잎은 태양 빛으로 만들어진 영양분이 뿌리로 내려가는 길을 막아 층을 만든다. 이를 떨켜층이라 한다. 추운 겨울, 나무가 극한의 현실을 잘 견뎌 낼 수 있도록 하기 위해서다.

잎은 스스로 지면서 아쉬움이나 원망 대신 뿌리에게 힘을 실어주고 나무를 보호하여 이듬해 봄, 새잎이 잘 돋아날 수 있도록 해주는 것이다.

떠나는 이의 뒷모습이 이보다 더 아름다우랴!

가을은 다른 시간으로 넘어가는 길목에서 뒤를 돌아보게 하는 계절이다. 자연의 섭리는 한 치의 어긋남이 없다. 섭리를 두고 거스르는 일은 하는 것은 언제나 사람이다. 섭리뿐이 아니다. 사회의 규범이나 질서, 규칙 또한 사람들이 만들고 지키지 않는 것 또한 사람들이다.

가을빛은 차량 통행이 분주하지 않은 도로, 횡단보도에서도 반짝였다. 횡단보도엔 신호등이 빨간 눈으로 귀여운 꼬마들을 내려다보고 있다. 네댓 명 되는 유치원생들의 조잘거림이 잠깐의 시간과 공간을 메우는 동안 누군가 횡단보도를 휙 지나간다.

아이 하나가 “안 돼요, 아저씨. 빨간 신호인데…. 유치원 선생님이 가면 안 된다고 했는데 가네….” 잠시 뒤 한 아이가 외쳤다. “그러면 우리도 건너가자.” 또 다른 아이가 다급하게 소리쳤다. “안 돼, 빨간 불이야.”

아이들은 피우다 만 담배꽁초를 휙 버리며 빨간불에 횡단보도를 건너가는 아저씨의 등 뒤에서, 버려진 담배꽁초와 신호등과 아저씨를 번갈아가며 쳐다보고 있었다.

유치원에서 배운 대로 횡단보도에 서 있는 눈이 맑은 아이들에게 혼선을 주는 어른의 뒷모습이 부끄럽다. 큰 네거리 신호등도 아니고 찍힐 카메라도 없으니 안 지키면 어떠랴 싶겠지만, 옳고 그름에 대한 판단 기준이 아직 미숙한 아이들이기에, 그들은 보고 듣는 대로 가감 없이 스펀지처럼 흡수를 한다.

"바늘 도둑이 소도둑 된다."라는 속담처럼 작은 일부터 바른 습관을 가질 수 있도록 어른들이 본보기가 되어야 한다. 모든 일은 처음이 중요하고 가장 작은 일에서부터 시작이 되는 것이다.

낙엽이 도로 위를 우르르 몰려왔다 몰려간다. 마치 아이들이 골목을 누비며 웃고 떠드는 것 같다. 이 가을은 나이 든 어른이 아니라 철이 제대로 든 어른으로 채색이 되었으면 한다.

자연의 섭리를 따라 산과들은 한 해의 마무리를 준비하고 있다. 푸르고 싱싱하던 나뭇잎들은 단풍이 들거나, 낙엽이 되어 나무를 떠났다. 키 작은 들풀도 까만 씨알 하나 남겨두고 사위어 가고 있다. 그렇게 다른 시간들로 채워져 갈 다음 생의 시간을 준비하고 있는 것이다.

그 시간들 속에서 우리는 묵시적으로 지켜 가야 할 질서들이 있다. 빨간 신호등에서는 멈추고 파란 신호등에서는 건너가는 것이라고 알고 있는, 어린아이들이 바라보는 어른의 뒷모습이 더는 부끄럽지 말아야겠다.

낚시

보이지 않는 물속으로 미끼 하나 던져놓고 먹잇감을 기다리는 눈빛이 그리 날카롭지는 않았다.

낚시에는 민물낚시, 바다낚시가 있다. 민물낚시는 강과 저수지, 수로 등에서 서식하는 붕어 낚시가 있고, 계곡의 계류에서 하는 계류 낚시는 주로 산천어나 은어를 잡는다. 강이나 호수에서 하는 강 낚시, 그리고 겨울철 저수지나 호수에서 얼음에 구멍을 뚫고 하는 얼음낚시가 있다.

바다낚시는 해안이나, 암초, 방파제, 배 위에서 하는 낚시다. 미끼의 종류, 사용 여부에 따라 나눈다. 크릴 등을 사용하는 찌낚시, 인조 미끼를 사용하는 루어낚시, 낚싯바늘이 여러 개 달린 낚싯줄에 무거운 추를 달아서, 바닥에서 자라는 수초나 돌 틈에서 주로 서식하는 물고기를 잡는 원투낚시가 있다. 낚시는 물고기의 생태, 종류, 크기에 따라 낚싯대의 종류도 다양하고 낚시하는 법도 다 다르다고 한다.

산다는 일도 낚시와 다를 게 없는 것 같다. 민물이든 바다에서든 무엇인가를 낚기 위해 도구를 갖추듯, 우리의 삶도 마찬가지가 아닐까. 그러나 삶 속에서 애써 노력한다고 모든 것들이 원하는 대로 이루어지는 것도 아니다. 우리의 인생길은 결코 수월하지 않다는 것이다.

고요하던 새벽 강가, 후미진 한 모퉁이에 긴장감이 흐른다. 손끝을 타고 흐르는 팽팽함에 호흡조차 멈추었다. 단 일 초의 허튼 틈도 허락되지 않았다. 호숫가를 어슬렁거리던 바람도 숨

을 죽였다

이마로 핏줄이 곤두선다. 그 순간, '으라차차' 고함과 함께 물을 차고 오르는 은빛 실루엣이 햇살을 가른다. 동녘 하늘이 새벽을 걷어내고 물속으로 붉은 속살을 토해냈다.

긴 시간의 격동 속에 분탕질을 끝낸 새벽이 푸른 미소를 짓는다. 안도의 숨을 길게 뽑아내는 새벽의 숨결에 차분해진 강물은 엷은 비늘 끝으로 햇살을 가득 품었다.

낚였다.

세상으로 드리운 낚시에 미끼도 시간도 낚였다. 바닥난 통장 잔고가 더듬더듬 수면 위로 기어오른다. 허공으로 지나가는 바람 한 점에도 흠칫, 육신이 오그라든다.

어젯밤도 삶의 한구석에서 새벽이 오기만을 기다렸다. 긴 기다림의 시간, 미끼를 사이에 두고 찰나의 시간에 운명이 바뀌었다. 그는 미끼에 홀렸다. 한때의 광기에 낚여 어설프게 디딘 발이 헛걸음질만 쳐대던, 그 시간들이 파편이 되어 모래펄로 하얗게 쏟아져 내린다.

날개를 꿈꾸던 검은 눈동자는 허연 배를 드러낸 채, 모든 시간의 장막을 걷어내는 강가 모래펄에서 파닥이고 있는, 작은 붕어 한 마리를 응시하고 있다. 부지런을 떨어야 먹고사는 데 지장 없다던 어머니의 억척스러운 음성이 아련하게 귓전을 맴돈다.

지난겨울 혹독한 추위 속에 진액을 모두 소진한 탓이려나, 갈대가 한 줌 햇살에 서걱서걱 울어댄다. 동병상련에 목젖으로 쓸개즙이 자꾸만 올라왔다.

온몸으로 부대껴야 하는 하루가 뿌옇게 헛기침으로 일어서는 아침이다. 바람도 불지 않아 물결마저 잠든 수면에 가느다란 낚싯줄 하나, 오늘도 푸른 새벽에 빨대처럼 꽂아 놓았다.

제2부

한 송이 꽃으로

오래된 시

얼얼하다. 얼굴이며 귓불이 벌겋게 달아올랐다. 날씨가 어찌나 추운지 파르스름하게 날 선, 유리 파편들이 살을 에는 느낌이다. 피부에 소름이 돋고 온몸으로 오슬오슬 한기가 든다. 뇌세포가 날을 세운다. 신경이 곤두선다. 귓속으로 파고드는 차디찬 바람이 세포 결결이 스며들어 두통이 일었다. 산의 정상까지는 아직도 온 만큼의 거리가 남았는데 더 올라가야 할지 갈등이 인다.

코로나 감염이 빠르게 확산이 된다고 하니 사방이 빈틈없이 막힌 벽 속에 갇혀 있는 것만 같다. 두렵고 불안하여 어디든 마음 편히 갈 곳조차 없다. 연말 모임도 동호회도 취소되었다. 혼란스럽고 갑갑한 마음 풀어보자고 호젓하게 오른 산행이다.

오랜만의 산행인지라 몸이 일러주는 지표로는 정상을 오를 수가 없을 것 같다. 발밑에선 가랑잎이 상냥하게 말을 건네는데 마음을 내어줄 여유가 없다. 산을 오른 지 얼마 지나지 않아 무릎이 시큰거리고 후들거렸다. 무릎을 달래며 발걸음을 옮겨보지만, 이미 더는 올라갈 생각이 없다. 엄한 동짓달 짧은 해만 탓한다.

보이지 않는 정상의 오름을 바라보았다. 바람은 차고 정상은 아득하여 미련 없이 결연하게 돌아서서 내려오던 길이다. 진땀을 쏟아가며 오르던 시간의 길에서 반쯤 누워 거드름을 피우던 떡갈나무가 제 몸의 일부분을 떠나보내고 앙상한 가지에 걸쳐놓은 마음이 시려 속울음에 떨고 있다.

만남과 이별은 흘러가는 시간의 한 과정이다. 그러므로 세월의 이기 앞에 실망할 것도 서러울 이유도 없으니 오르던 길을 미련 없이 돌아설 수 있었다.

정상을 뒤로하고 바라보는 서쪽 하늘이 붉게 타오른다. 노을바다가 장엄하다. 고요하여 출렁임도 없다. 빛으로 채워지는 공간에 압도되어 오히려 긴장이 되었다. 찬란하게 쏟아지는 노을을 온몸으로 받아들이며 조용하게 발걸음이 빨라졌다. 이 순간 모모를 떠올려 본다.

발아래서 질러대는 소리들이 마치 시인의 펜 소리 같다. 아스삭 사삭 아스삭 사삭 밤새워 외쳐대는 건조한 외침은 마침내 부서지고 스러져 흙으로 스민다. 이는 봄의 잉태를 준비하는 갈잎의 위대한 노래이며 낙엽이 향기로운 이유다.

세상은 여전히 형체 없는 적과 난투 중이고, 누군가는 펜트하우스를 향하여 기를 쓰고 달려간다. 혹자는 자신들이 정해 놓은 틀에 모든 규범을 끼워 넣으려 안간힘을 쓴다. 한편에선 어둠이 내리는 거리에서 길을 잃고, 추위에 떨며 거리를 배회하기도 한다.

길 위의 삶들이, 절룩이는 하루가 또 그렇게 지나가고 있다.

빈 가지에 남아있던 마지막 잎새는 제 한 몸, 미련 없이 허공으로 떨어낸다. 나무와 잎의 오랜 시간조차 이별을 앞에 두고 서로를 알기에 미련도 아쉬움도 없다.

낙엽 지는 소리는 시공간으로 써 내려가는 오래된 한 편의 시다. 그래서였을까. 시인은 가을에 수많은 말, 말들을 쏟아낸다. 구겨져 운명을 다한 시어의 무덤에 벌러덩 누워 어제도 그랬듯, 오늘도 내일도 밤새 시어를 읊어댈 것이다. 흙으로 돌아가는 오래된 시는 또 다른 미래의 시간과 공간들을 자신들만이 지닌 깔들을 서로 아우르며 아름다운 색채로 가득 채워 갈 것이다.

한 송이 꽃으로

하늘과 호수가 맞닿은 곳. 구름도 쉬어 가는 곳. 어릴 적, 푸른 꿈을 헤아리던 그곳엔 오솔길들이 숨은 그림처럼 들어있다. 어느 방향으로 가야 할지, 선택 앞에선 언제나 설렘과 두려움이 앞선다.

철없던 시절 향긋한 바람을 따라 그 끝이 어딘지도 모를 허공으로 하얀 꿈을 그렸다가 지우고 또 그리고.

이제야 돌아보니 텅 빈 것 같은 시. 공간으로 먼데 하늘도 바람을 따라나섰더라.

화무십일홍花無十日紅이라 했던가.

그 아름답던 꽃들도 어느 순간이 되면 시들어버린다. 다행히 시간은 어느 한쪽으로도 편하가 없다는 것을 알았다. 우리에게 단 한 번의 연습조차 주어지지 않는 시간은 언제나 일발 장전이다. 사라지는 시간을 안타깝게 붙잡고 버럭질을 해보기도 하고, 그 시간 속에서 세상을 휘저을 듯한, 바람 속을 스스럼없이 헤쳐가기도 한다. 또한 시간의 흐름에 또 다른 모습들을 드러내는 공간에서 모든 물상들은 숙명처럼 시간을 좇으며 성숙해져 간다.

고관절 골절로 스스로 움직일 수 없는 육신을 병원 침대에 납작 붙이고 천장만 바라보고 있는 어머니. 지난 시간에 대한 회한일까, 연민일까. 어머니의 눈동자가 허공에 먼지처럼 떠다닌다. 이제는 자신의 몸을 자유로이 움직일 수 없으니 모든 것에 체념이라도 한 듯, 말도 생각도 어딘가에 조용히 내려놓고 시간만 따라가고 있다.

그 시간의 끝은 어디일까.

내 기억 속에 우리 집은 늘 손님들로 북적대었고 어머니는 한복에 흰 앞치마를 두르고 바람 소리를 냈었다. 노모의 젊었던 시간은 어디로.

한 송이의 꽃을 피우기 위해 밤새 울어야 했다는 어느 시인의 외침이 애잔하게 가슴을 파고든다. 그토록 간절히 피워 낸, 한 송이 꽃이 시간의 마법에 걸려 시나브로 시들어 가고 있다. 기억 속으로 점점 사라져 가는 어머니의 시간들은 이제 손자에게 들려주는 옛이야기가 되려는가.

병석에 누워 누군가의 도움 없이는 움직일 수 없는 노모의 모습들이 블랙홀로 빠르게 빠져나간다. 그 시간 속으로 미래의 내 모습이 따라간다. 무심코 고개를 드니 어느덧, 이순의 중반을 향하고 있다. 이제야 조금씩 알아간다. 시간 속으로, 시나브로 사라져가는 시간 중에 가장 젊은 날이, 바로 지금, 이 순간이라는 것을.

반항할 수 없는 시간의 덫에 걸리면, 누구든 신체적, 정신적 변화를 피해 갈 수 없다. 때론 젊은이들에게 '너희들도 늙어 봐라.' 호통을 칠 때가 있다. 노인이 되어서야 알고 겪게 되는, 난감한 심정의 표현인 것이다. 그러므로 나이 들어갈수록 변화되는 삶의 모든 것들을 온전히 수용하려는 인내와 용기가 필요하다. 늙어 간다는 것은 삶이 성숙해져 가는 것이므로.

노년이 더욱 당당하고 아름다운 모습이 될 수 있도록.

시간의 수레바퀴 앞에서 의연해질 수 있도록.

그리고 그 시간의 끝을 초연하게 맞이할 수 있도록.

그 순간들의 시간이 기쁠 때든, 슬플 때든, 안타까울 때든, 화가 날 때든 스쳐 지나가는 모든 순간 속에서 흔들리지 않고 담담하고 여유로워져야 한다.

여름 향기

계절마다 향기가 있다. 봄은 냉이와 쑥 향기가 나고 여름은 치자꽃 향기가 있다. 가을은 달달한 과일 향기가 있고 겨울은 군고구마 향기가 난다.

칠월의 오후.

도시는 여름 사냥에 후끈 달아올랐다. 공간 없이 빼곡하게 들어찬 건물 창문에 매미처럼 달라붙은 에어컨 실외기에서, 도로를 달려가는 자동차에서 쏟아내는 열기는 물론, 시멘트벽과 도로에서 뿜어대는 복사열까지 칠월은 열탕 속이다. 에어컨을 빵빵하게 틀어놓고 냉장고 속 수박 한 조각으로 소우주를 달래 보지만 소용없다. 거실에서 뒹굴며 맑은 물살 굽이치는 영동 물한 계곡으로 달려가는 상상을 하고 있을 즈음, 전화벨 소리가 요란하다. 비몽사몽 수화기를 들었다. 지인이 톡에 올려놓은 꽃을 보란다. 덥고 귀찮아 싫다는 내게 "너 닮았어." 한다.

치자꽃! 하얗게 피어서 노랗게 지는, 태고의 전설 같은 꽃, 사진에서도 달콤한 향기가 피어날 것 같은 꽃, 은은하게 내리는 달빛 선율 따라 꽃잎이 한 장 한 장 열릴 듯한, 매력이 있다. 날 닮았다는 지인의 농담 한마디에 엔도르핀이 솟는다. 그를 가만히 들여다보노라니 미소가 절로 인다. 온화한 표정이나 좋은 말 한마디가 삶을 행복하게 해 준다는 화안애어和顔愛語라는 사자성어가 떠오른다. 설레는 마음에 답글을 보냈다. "치자꽃, 한 잎 띄워 이 술잔 권하니 그대 마음일랑 치자꽃 향으로 띄워 보내소." 오가는 문자로 여름 한낮에 한바탕 시원하게 웃었다.

치자꽃이 낯설지 않았다. 알 수 없는 이 느낌은, 무엇일까. 주변에서 꽃 치자를 자주 보았음일까.

문득 내 심연의 강을 철벅철벅 건너오는 오랜 기억 하나. 어디선가 멈춰버린 시간 속에 열다섯 살 소년이 무채색으로 서 있었다. 아, 치자꽃 화분, 그걸 잊고 있었다.

기차역에서 수줍은 듯, 피지 않은 꽃봉오리를 품고 있는 작은 치자꽃 화분을 내 손에 들려주며 '씨익' 웃어주던 아이다. "잘 가라." 한마디 던져놓고는 고맙다는 인사를 전할 사이도 없이 뒤돌아 달려가던 소년.

중학생 때 한 학기를 작은 바닷가 마을에서 다닌 적이 있다. 그곳은 남녀 공학이었다. 청주로 전학을 오던 날, 그 애는 꽃치자 화분을 말없이 내 손에 들려주었다. "치자꽃 좋아하니? 여기 잊지 마라." 치자꽃 화분 속에 반듯하게 접힌 분홍색 편지를 펼쳐보며 콩닥거리는 가슴에 고개도 들지 못하고, 치자꽃만 들여다보았다.

그날 한 송이 치자꽃에선 오렌지 사탕 맛이 기차 안을 가득 메웠다. 기차 안은 칠월의 대천 바다를 찾던 사람들로 발 디딜 틈 없이 붐볐다. 청주로 오려면 대전역에서 기차를 갈아타야 한다.

치자꽃 화분을 품에 안고 기차에서 내리던 소녀는 뒤에 계시던 할아버지가 발을 헛디뎌 밀치는 바람에 화분을 놓치고 말았다. 기차 바퀴 아래로 떨어져 엎어져 버린 작은 화분만 바라보던 소녀는 발만 동동 구르다가 돌아서야 했다. 어린 마음 탓이었을까.

마음 한 번 전하지 못하고 세월 속으로 잊혀갔던 것이다. 세월이라는 것은 추억이라는 이름으로 쌓여가는 어설픈 시간들의 무덤이다. 혹여, 꽃 치자는 아름답고 향기롭지만, 열매를 맺지 못한다는 연유로 인한 것은 아니었는지.

지금쯤 그 소녀도 귀밑머리가 희끗희끗하겠지. 하얗게 피어서 노랗게 지는 치자꽃은 그리움을 품은 여름 향기다.

농다리

시간, 세월은 인간에게만 적용되는 것이던가. 그곳에 서는 순간 심장이 먼저 나댔다. 뛰는 가슴을 달래보지만, 한발 한 발 발걸음을 디딜 때마다 가슴이 뭉클했다. 천년의 세월을 다리로서의 본분을 지켜 온, 돌다리를 건너고 있다는 것이 신비롭기만

하다.

농다리라 불리는 돌다리가 있는 이곳은 중부 고속도로 진천 나들목에서 진천농공단지 방향으로 오다가 문백 방향 군도 3호선을 타고 오다 보면 중리 마을에 이른다. 그 마을 앞을 끼고 흐르는 세금천이다.

오랜 시간 코로나에 갇히고 더불어 한파까지 몰아쳐 움츠리고 있을 즈음, 계절은 소리 없이 찾아와 꽃눈을 부풀게 하고 만물들을 도란도란 깨웠다. 어느덧 세금천에도 벚꽃이 만발했다.

지나간 것들에 대하여, 오랜 시간이 지나서야 여운이 되어 벚꽃으로 발하는가. 천년의 시간을 품은 농다리를 축복하려는 듯, 벚꽃 잎들이 농다리 위로 가득 날아오른다. 천 년 전, 이 다리를 만들기 위해 육중한 돌들을 지고 나르던 이들의 넋들이 꽃잎이 되었는가. 또 다른 전설은 여인의 효심에 감동한 임 장군이 용마를 타고 무거운 돌을 날라서 여인이 부모님을 뵈러 갈 수 있도록 다리를 놓아 주었다는 설도 있다. 천년의 전설이 흐르는 농다리로 꽃잎들이 한없이 쏟아져 내린다.

돌다리 사이사이로 꽃잎들이 물 흐름을 따라 어화둥둥 물돌이하네. 바람도 지나가다 꽃잎을 휘어 감고 돌고 도네. 너도, 나도, 꽃잎도 어화둥둥, 보은報恩의 마음으로 휘도는 춤사위에 물결도 돌고 꽃잎도 돈다. 세상도 흥겨웠던가, 휘모리장단에 하늘도 돌고 땅도 돈다.

천년의 세월에도 끄떡없이 제 모습을 지켜 낸 농다리에서 돌 교각 사이를 부딪침 없이 돌고 돌아 흘러가는 물을 내려다보고 있으면 온갖 사념들이 사라지고 마음이 고요해진다. 모난 것도, 앞을 막아서는 것도 돌고 돌아서 흐르다 보면 아무 장애가 되지 않는다는 것을 알아간다.

진천군 문백면 구곡리에 놓여있는 농다리는 고려 초기에 축조된 돌다리로서 하늘의 별자리 28수를 응용한 것으로 심오한 동양철학을 엿볼 수 있다고 한다. 길이 93.6m, 높이 1.2m 국내 최고最古, 최장最長이다. 우리나라는 물론 동양에서도 유례가 없는 축조기법으로서 가장 오래되었고 돌다리로서 가장 길다는 명명을 지켜가고 있다고 한다.

다리로서의 본분을 잊지 않고 천년의 세월을 버텨올 수 있었다는 것이 과학이 발달된 시대의 눈으로 보기에도 놀랍지 않을 수 없다. 요즘처럼 기술이나 장비가 발달하여 어떤 특수 공법으로 만들어진 것이 아니다. 온전히 사람의 힘에 의해 육중한 돌을 나르고 옮겨 쌓아 올린 것이다.

돌은 다듬지도 깎지도 않았다. 돌마다 각각의 모습들을 그대로 살려 큰 돌 사이에 작은 돌을 끼워 넣어 삐걱거림 없이 차곡하게 쌓아 만든 다리다. 장마가 지면 일부 유실이 되기도 하지만 원형은 그대로 남아있어 지자체에서 꾸준하게 관리를 해주므로 보존이 잘되고 있다.

이곳에 사용된 돌은 편마암의 일종인 자석이라 하는데 붉은 빛을 띠고 있다. 다리 형태는 지네가 기어가는 형상이고 높이가 낮아 장마가 지거나 유량이 많을 때는 넘쳐서 흐를 수 있도록, 수월교 형태로 만들었다고 한다. 옛사람들의 지혜를 다시금 새겨보는 기회가 되었다.

크든 작든 다듬지 않아 온전한 제 모습으로 아래서, 위에서, 옆에서 서로를 의지해 가며 천년의 세월을 지켜 온 농다리가 그 존재 자체만으로도 신비하지 않을 수 없다. 돌마다 제각각 다른 모습임에도 도드라짐 없이 천년의 세월을 함께 뛰어넘은 의지에 심장이 뛴다.

서로를 의지하고 서로에게 버팀목이 되어 천년의 세월을 굳

건히 지켜 온 농다리가 현대를 살아가는 우리에게 당당하게 선문답을 던진다.

텃밭을 가꾸며

삶에 있어 기쁨과 보람은 우리들이 살아가는 일에 동기를 부여하고 힘이 되는 일이다.

땅에 여린 뿌리를 박고 바람에 나폴거리며 자라고 있는 그들을 보면 식자재가 아니라 내 자식들을 보는 것같이 흐뭇하고 애틋하고 사랑스럽다.

읍사무소에서 시행하는 다섯 평 정도의 텃밭을 일구게 되었다. 비닐이 씌워진 상태에서 포트묘를 심을 만큼의 구멍을 내고 고추, 쌈 겨자, 당귀 등 몇몇을 심었다. 포기마다 뿌리 활착이 잘되라고 영양제와 물을 듬뿍 주었다.

걸어서 집까지 10분 정도의 거리다. 급수 시설도 되어 있어 조루 하나 들고 저녁 식사 후 운동도 할 겸 매일 그들을 보러 간다. 물을 주며 병해 없이 잘 자라는지 살펴보는 일이 이제는 즐거움이 되었다. 퇴근이 아무리 늦어도 그들을 꼭 보러 간다.

요즘은 공무원의 청렴을 실천하기 위해 그 어떤 선물도 주거나 받지 않도록 하고 있다. 스승의 날에도 감사의 마음을 담은 카네이션 한 송이 선물할 수가 없다.

산업문화가 급속히 발달하다 보니 인간의 삶의 양식들이 급격히 변화되었고 또 과학 기술 문명 앞에서 우리는 더 많은 편리와 풍요를 추구하면서 정신적 가치보다는 물질에 더 가치를 두게 되었다. 그로 인해 많은 병폐들이 발생하고 사람과 사람 사이는 점점 멀어지게 되어 서로를 신뢰하기 어려워졌다.

소소하게 식자재로 활용되는 상추 한 포기 키우는 일도 사랑과 연민이 쌓이는데 스승과 제자 사이야말로 얼마나 귀하고 돈독한 관계인가.

오래전 우리들 학창시절엔 경제적으로 대부분의 삶들이 팍팍했던 시절이었지만 애틋한 정들이 있었다. 아까시 흐드러지게 피어있던 오월 스승의 날. 카네이션 한 송이, 선생님 가슴에 꽂아 드리며 사제지간의 정을 나누던, 물질에 기준을 둔 것이 아닌 그저 마음과 마음으로 애틋한 마음을 품고 살던, 그 때 그 시절이 그리워지는 건, 결코 들어가는 나이 탓만은 아닐 것이다.

오월이 가기 전에 그동안 잊고 있었던 분들에게 안부 전화라도 한 통 띄워야 할까 보다.

내려놓기

서너 살쯤 되어 보임 직한, 아기가 양손에 떡을 쥐고 놓지를 않는다. 소녀 같은 젊은 엄마가 애가 탄다. 아기가 떡을 입에 넣으려고 기를 쓴다. 아기 엄마는 아기 손에서 떡을 빼앗으려 애를 쓴다. 달래기도 하고 야단도 쳐 보지만 소용없다.

아기 엄마는 금방이라도 울음보가 터질 것만 같다. 결국 강제로 엄마에게 떡을 빼앗긴 아기는 숨이 넘어갈 듯이 울었다. 손에 쥐고 있는 것들을 놓지 않으려는 것은 굳이 가르침이 필요하지 않은 것 같다.

빌딩과 자동차의 행렬 속의 일상에서 벗어나, 잠시 누려보는 여유로운 시간과 공간의 풍경 속에 있다.

나무와 숲과 바람이 머무는 곳!

동선의 편리함도 없다. 구불거리는 길을 반듯하게 잡아 놓지도 않았다. 물 한 모금을 마시려면 신발을 신고 마당을 질러가야 하는 수고를 해야 한다. 생리적인 문제도 한참을 걸어가야 해결할 수 있다. 이곳 역시 노력과 수고 없이는 하나도 쉬이 얻을 게 없는 곳이다.

하지만 그냥 처마밑, 마당 끝에 앉아서 가끔씩 하늘을 올려다보거나, 붉은 감들이 그림처럼 매달려 있는 감나무를 보거나, 때때로 고샅을 돌아 누군가 찾아올 듯한, 동구 밖을 돌아보기만 하는데 지끈거리던 두통이 사라지고 대상 없이 졸이던 마음도 평안해졌다. 게다가 보너스처럼 맑은 공기는 폐부 깊숙한 곳을 돌아, 불필요한 것들을 트림처럼 몰고 나왔다.

그 순간 한 떼의 새가 휘리릭 날아갔다가, 빈 공간을 멀리 휘돌아 날아와, 마당가에서 연신 무언가를 쪼며 종종거린다.

세상이치 다 꿰뚫고 있는 듯, 목소리 키우던 세인들이 모두 떠난 빈자리에 홀로 앉아, 이 살가운 풍경을 보고 있다. 내가 먹고사는 일처럼 그들도 먹고사는 일이었다. 짧은 다리로 종종대며 먹이를 쪼아대는 그들 속에 내가 보인다. 떡을 꽉 움켜쥐고 놓지 않으려던 아가의 작은 손이 참새의 작은 등짝으로 클로즈업되었다.

삶 속에서 누군가보다, 좀 더 커 보이려고 발돋움하고 목소리 키우고, 앞서 가려고 몸부림치며, 그렇게 움켜잡으려던 것들이 고작해야 그 어떤 고집도 아닌 아집만 잔뜩 움켜쥐고 있었다.

빈 들녘으로 휑하니 바람만 스쳐간다. 그 바람 끝으로 시선이 머문다. 건들건들 불어대는 바람이 비아냥거리듯 주위를 어슬렁거리며 기깔나게 속삭여댄다.

'손에 쥔 것을 어찌 내려놓아.'

처마끝, 풍경 소리가 끝 모를 공간을 가득히 채워간다. 허공에 매달려 바람 부는 대로 흔들리는 물고기 한 마리. 사바세계에서 깨달음을 찾겠다고 낮이고 밤이고 두 눈을 부릅뜨고 있다. 한 줄기 바람에도 흔들리는 제 모습은 잊었는가.

제 자신의 어리석음은 알 리 없고 그저 108배라도 해보겠다고 스님의 목탁 소리 따라 부처님께 연신 무릎을 구부리며 절을 올린다.

'결코, 쉽지 않을 건가 봅니다. 오늘도 어제 같은, 그런 하루가 저물어 가는가 봅니다.'

'뎅그렁 뎅그렁…….'

무심하게도 바람이듯, 구름이듯 처마밑 풍경 소리는 무한의 천공을 흔들어대고 끊임없이 깨어 있어야 하는 작은 물고기는 깨달음의 바다를 꿈꾸는가. 눈만 부릅뜨고 바람에 흔들리고 있다.

마루 끝에 홀로 앉아 흐르는 구름을 망연히 따라가던 나그네에게 공양 보살이 말을 건넨다.

'가을이 아름다운 것은 겨울과 봄, 그리고 여름을 견디며 사랑으로 품었던 것들을 대상에 구분 없이 모두에게 나눌 수 있기 때문이에요.'

감칠맛

남쪽에서 홍매화를 시작으로 봄꽃들이 피기 시작했다. 삼한사온이 적용될 때는 남쪽에서 북쪽으로 올라가면서 꽃 피는 시기가 예상되었었다. 그러나 요즘은 하루 이틀 사이를 두고 우리나라 전역에서 한 번에 꽃이 피기도 한다.

근래의 날씨는 종잡을 수가 없다. 삼한사온은 사라지고 겨울인데, 때 아닌 봄 날씨로 개나리꽃이 피기도 한다. 어떻든 혹독하게 추웠던 겨울이 가고 봄이 왔다. 꽃은 예서제서 활짝 피어나고 있지만, 코로나바이러스로 인하여 꽃구경조차 갈 수 없다. 우리는 보이지 않는 바이러스에 감금 당했고 그로 인한 정신적 경제적인 손실이 만만치 않다.

봄꽃을 즐기며 삼삼오오 모여 마음을 나눌 수 있는 날들이 있을 것인가. 매실도 부탁할 겸해서 아들과 광양 매화농원을 찾았다. 해마다 즐기던 매화 축제는 사라지고 방문하지 말아달라는 현수막의 글귀만이 바람에 펄럭거리고 있었다.

예전 같으면 사람들로 발 디딜 틈 없이 복잡했을 곳인데 매화꽃마저 어느덧 지고 대신에 눈물 같은 매실들이 송알송알 맺혀 생결한 미소를 건넨다. 그들을 보고 있자니 싱그럽다. 풋풋하다. 20대로 회춘할 것만 같다.

어린 매실은 살구와 비슷하여 같이 섞어 놓으면 구분하기가 쉽지 않다. 매실인지를 잘 골라서 설탕에 재우고 6개월에서 일년 정도 서늘하고 바람이 잘 통하는 곳에 두면 발효가 되는데 이를 매실액이라 한다. 매실은 약리작용도 있고 좋은 식재료로

서 활용이 되고 있다.

사전적 의미에서 발효란 "미생물이 자신의 효소로 유기물을 분해 또는 변화시켜 각기 다른 특유의 최종 산물을 만들어내는데, 미생물이 관여하는 생명현상에 의해 인간 생활에 유용한 물질을 생산하는 현상"을 말한다. 미생물들이 물질대사에 관여하여 식품 등의 물질이 열화劣化되는 경우는 '부패'라 하여 발효와 구분한다고 한다.

'발효'와 '부패'의 차이는 인간이 인간의 시각으로 결정되는 것이라고 한다. 인간 생활에 유익하게 변화된 것은 '발효', 해롭게 변화된 것은 '부패'라 한다.

발효식품은 체내로의 영양분 흡수가 용이하며, 발효과정에서 비타민이나 아미노산 같은 영양분이 생성되므로 영양가도 높아지고 풍미나 맛도 더해진다고 한다.

설탕에 재워 잘 발효된 매실액은 혀끝에서만 느껴지는 맛이 아니다. 느린 시간 속에서 우려진 구연산의 풍미와 설탕의 단맛이 잘 어우러져 깊게 숙성된 맛이다.

전국적으로 거리마다 선거로 들썩거렸다. 후보들은 한 표라도 더 얻기 위해 차량이 복잡한 네거리에서 오가는 차량들에게 인사를 했다. 어느 모임 자리에서는 두 손을 잡으며 친밀하게 다가오기도 했다.

평소에 민초들의 삶을 위하여 노고를 아끼지 않았다면 굳이 수많은 차량들이 오가는 네거리에서 매연을 마셔가며 허리를 구부리지 않아도 유권자들은 정성스레 한 표의 권한을 아끼지 않았을 것이다.

시간이 흐를수록 발효된 매실액은 혀끝 맛이 아니라 깊은 풍미로 감칠맛을 선사한다. 발효된 매실액의 깊은 맛처럼 한 표, 한 표 골라서 모아 준 정성이 부패되지 않도록 하여 감칠맛 나는 세상이 되기를 기대해 본다.

어느 늦은 봄날 매화농원에서의 하루가 뜻 깊은 시간이 되었다.

등대

등대燈臺는 램프와 렌즈를 이용하여 불빛을 비추도록 만들어진 탑臺 또는 건물을 말한다. 등대는 배가 항해할 때, 바다의 수로 안내를 돕는 역할을 하며 주로 항구, 해변의 방파제, 외딴 섬 등에 세워진다.

어두운 밤바다에서 배 한 척이 길을 잃고 헤매고 있을 때, 저 멀리 반짝이는 등대의 불빛이 보인다면 누구든 그 순간의 희열은 말로 다 표현할 수 없을 것이다. 등대는 언제나 준비된 모습의 든든한 지킴이다. 오늘도 바다를 향해 꼿꼿이 서서 먼 곳을 바라보며, 길을 잃고 헤매는 이름도 모르는 외로운 이들을 향해 뜨거운 빛을 전하고 있다.

더위가 기승을 부리는 여름이다. 무더위로 엎치락뒤치락 밤잠을 이루지 못하고 아침을 맞이하면, 나라 안팎으로 들려오는 소식들이 테러나 폭력들로 체감온도를 상승시킨다. 우리는 오늘보다 나은 내일을 위해 온 정성을 쏟아내고, 그리하여 우리의 행복을 찾아가느라 이 더위에 땀을 흘리고 있는 것이다.

세월이 흐르고 문명이 발달할수록 세상은 점점 더 각박해져가고 무서워져간다. 때로는 자연마저 우리에게 폭력을 휘두를 때가 있다. 개인 하나, 하나를 놓고 보면 모두 귀하고 아름다운 한 송이 꽃이다. 태풍이 불고 어둠이 찾아오면 꽃들은 꺾이기도 하고 질 수도 있다. 그럴 때 누군가는 가야 할 방향을 잃을 수 있다. 그 누군가가 가까이는 나와 가족, 이웃, 나라, 그리고 전 세계이다.

인간에게 불현듯 일어나는 욕망慾望들은 이성을 마비시키고 목적지를 잃고 헤매게 만든다.

'우리가 진정 원하는 것들은 무엇인가.'

잘못된 욕망에서 벗어나도록 서로를 격려하고 이해하고 보듬어 가는 일은 서로에게 등대가 되어 주는 일일 것이다.

바다에서 등대를 바라보면 낮에는 등대의 독특한 색깔로, 밤에는 등대 불빛의 빛깔이나 점멸등 같은 섬광으로 식별할 수 있다고 한다. 등대처럼 우리에게도 우리만의 독특한 빛깔들이 있다.

개개인의 위치에서 발하는 빛이 누군가에게 길을 밝혀주는 희망의 빛이 될 수도 있다. 가족은 가족의 빛으로, 이웃은 이웃의 빛으로, 사회적인 위치의 빛으로, 전문가의 빛으로.

빛은 어둠이 짙어 갈수록 밝게 빛난다.

뜨거운 여름은 열매들을 성숙시켜 가는 또 하나의 과정이다. 누구든 진정한 행복을 찾아가는 아름다운 여행길이길 작은 마음에 담아 본다.

빗소리를 들으며

옷자락 끌리는 소리인 듯, 아닌 듯 들려온다. 먼 곳에서 점점 가까이 들려온다. 톡 톡 톡 조용히 창가를 두드린다. 가만히 귀기울여 본다. 밤비가 잘박잘박 내리고 있었다.

조용하게 내리는 빗소리에 집중하고 있으면 무언가 막연하게 혼란스럽던 것들이 하나, 둘 제자리를 찾아가는 것 같다.

풀잎에 내리는 소리, 나뭇잎에 떨어지는 소리, 잔디에 떨어지는 소리, 주차된 자동차 지붕 위로 떨어지는 소리, 아파트 베란다 창을 스치는 소리. 소리마다 크기도 울림도 다르다. 제각각 울리는 소리인데 어우러짐이 듣기에 좋다.

낮과 이질적인 밤 풍경이 담백하다. 무채색이어서 경계가 없으니 간결하다. 공간의 간결함이 시야를 편안하게 해준다. 어둠 속에서 들려오는 빗소리에 여유를 즐기니 따라서 마음까지 고요해진다.

일상에서 우리는 많은 소리들을 접하게 된다. 우리에게 익숙하고 밀접한 소리는 사람의 목소리다. 그러나 요즘은 SNS를 통하여 오가는 소리 없는 소리가 있다.

소리라는 것을 찾아 보면 "물체의 진동에 의하여 사람이나 동물의 귀에 전달되어 청각작용을 일으키는 공기의 파동이다." 라고 되어 있다. 소리는 귀로 느낄 수 있는 공기의 진동을 말하는 것이라고 한다.

진동하는 소리굽쇠를 물에 넣으면 물이 튀어 오르는 것, 북 옆에 촛불을 세워놓고 북을 세게 치면 불꽃이 흔들리는 것, 스피커 위에 놓인 물 컵이 떨리는 것, 전류를 이용하여 멀리 떨어져 있는 사람들과 이야기를 주고받는 것 등등 물체가 진동하면 그 둘레의 공기도 진동하게 되어 공기 속으로 퍼져나가는 것을 음파라고 한다.

우리는 가끔 호수나 연못의 잔잔한 물위에 돌을 던져 볼 때가 있다. 그때 물위로 둥글게 퍼져나가는 물결을 볼 수 있는데, 음파라는 것은 물위에 생기는 물결과 같다고 한다. 음파가 귀로 들어와서 고막을 울리고 그 울림이 청신경을 자극하면 우리가 그 음파를 느끼는 것을 소리라 한다고 한다.

우리 주위엔 다양한 소리들이 있다. 그중에 요즘은 소리 없는 소리가 대세다. 그들은 스마트 기기의 보급이 일반화되면서 SNS를 활용하여 주고받는 문자를 말한다. SNS란 "사용자 간의 자유로운 의사소통과 정보 공유, 인맥 확대 등을 통해 사회적 관계를 생성하고 강화해 주는 온라인 서비스를 의미한다."라고 한다.

소리 없는 소리는 문자로 소통되는 것이기에 오랫동안 우리 주위에 머물며 시간이 지나도 다시 찾아 볼 수 있다. 경우에 따라 그 내용들이 사실인지 가짜인지에 대하여 혼선을 빚기도 한다.

코로나를 비롯하여 비트코인 등등 국내외 불안한 경제 및 정세, 크고 작은 사건 · 사고들에 관하여 소리 없는 소리들은 그들에 관련된 정보들을 다양하게 무수히 쏟아낸다. 그중에는 진실이 있고 가짜가 있다는 것이다. 어느 것이 진실인지 아닌지 구분하기 쉽지 않다. 그러므로 의심을 갖게 되고 설마 하면서도 시나브로 서로에 대한 신뢰에 금이 가기 시작하고 믿음의 정체성이 흔들려 사회가 불안하고 두렵게 된다. 요즘은 여러모로 힘겨운 시간들이다.

모든 소리들이 울림과 크기가 다 다르다. 저마다의 고유한 소리가 있다. 우리 주변엔 맵시 있고 기분 좋아지는 소리들도 많다. 요즘은 젊은 세대의 트로트 가수들이 불러주는 노랫소리가 노곤했던 하루를 달래준다.

이 밤엔 대지를 촉촉이 적셔주며 내리는 빗소리가 복잡하고 어지러웠던 일들을 정리할 수 있도록 마음을 차분하게 해준다.

제3부

한 점, 섬이 되어

우중 산책

빗소리에 창문을 열었다. 기다렸다는 듯 바람이 훅 들어왔다. 풀 향기가 청량하다. 출근 준비를 하다 말고 누군가의 손에 이끌리듯 창 앞에 앉았다. 가만히 눈을 감고 음미한다. 빗소리와 바람의 향기를.

녹색 결이 세포 속으로 서서히 스미니 혈관이 이완된다. 온몸이 느긋해진다. 출근 준비로 동동거리던 아침 시간인데 빗소리가 그 시간들을 느슨하게 해 준다. 떡 본 김에 제사 지낸다고 정해져 있는 출근이 아니니 핑계가 찬스였다. 그래서 더욱 서두르고 싶지 않았다.

'토독토독 토르르' 나뭇잎으로 떨어지는 빗방울 소리에 변죽을 맞추었다. 빗방울이 구른다. 나도 따라 구른다. 구르면서 스민다. 목적 없는 어느 한 생각 속으로.

시나브로 스미는 빗물에 나뭇잎들이 생기가 돈다. 나 자신도 촉촉해진다. 사각 창문으로 들어오는 풍경은 선명하게 다가서고 싱그러움으로 가득 채워지는 공간은 잘 그려진 한 폭의 유화다. 그러나 낯설었다.

봄이 왔다고 초목들이 바지런히 촉을 틔우다가 눈보라를 맞았던 기억이 떠오른다. 여린 새싹들이 창밖으로 고개를 내밀자 봄인지 겨울인지 혼돈 속에서 기절했었다. 그런데 이제야 깨닫는다. 초록 이파리들이 어느새 움쑥 자랐다는 것을. 세상의 오해를 견뎌냈구나. 놀랍도록 대견하다.

시나브로 계절이 바뀌고 한 해의 반이 지나가고 있다. 올해 봄꽃이 피었었는지조차 잊고 있었는데 폭우와 바람, 그 험했던 시간 속에서 무슨 짓들을 했는지 눈물 같은 매실이 초롱초롱 달려있다.

그들을 바라보다 성급하게도 입 안 가득 침이 고인다. 자신도 모르게 드러낸 본심에 홀로 겸연쩍었다. 그렇게 주절주절 동행했던 시간들이 지나가고 새로운 시간들이 성큼 다가와 곁을 서성이고 있다. 가지마다 대롱대롱 매달린 열매들이 기특하고 대견하다.

그동안 삶의 팍팍했던 시간들을 헤치느라 나 자신에게도 곁을 내주지 못했구나. 조용하게 대지를 적셔주는 비는 무언가를 골똘하게 생각할 여유를 내준다. 특히 지나간 것들에 대하여.

우리의 삶도 날씨 같다.

비 오고 바람 불어 궂은 날처럼 슬픈 날, 폭풍우 몰아쳐 잠기고 부서지고 무너지던 날처럼 좌절하거나 억울했던 날, 햇살이 환하게 비추던 날처럼 즐겁고 행복하던 날, 밤새 내린 눈이 세상을 하얗게 덮던 날처럼 감동적인 날일 때도 있다.

그 길에서 내 삶은 언제나 즐겁고 행복해야 한다는 생각에 늘 긴장했고 늘 동동거렸다. 빗물이 순연하듯 감정과 기분을 흐르는 대로 놓아 둔 적도 없는 것 같다.

촉촉이 내리는 빗물이 퍽퍽했던 공간을 습으로 가득 채워간다. 지나치게 습한 것도 축축하고 눅눅하여 싫지만 습이 부족해 너무 건조해 메마른 것도 대단한 불쾌감을 준다. 무엇이 되었든 어느 한쪽으로 치우치기보다는 적당히 조화를 이루어야 한다는 것을.

비 내리는 날은 이유 없이 울적해진다. 그래서 사색에 들기에 좋다. 비 내리는 날에만 느낄 수 있는 그런 감성을 차분히 느낄 수 있기에 비 오는 날을 좋아한다.

내게 묻는다. 비를 따라 울적한 기분에 빠져 보는 일도 제법 괜찮은 것 같지 않은가.

가장 낮은 곳을 찾아가는 빗물은 요즘엔 쉬이 스며들 곳이 없다. 보이는 곳마다 가는 곳마다 시멘트로 도포를 해놓았으니 어딘가 스며들 곳을 찾아 낮은 곳으로만 향한다. 언젠가 어디가 되었든 가장 낮은 곳에서 생명체를 품고 있는 대지를 촉촉하게 적셔 줄 것이다.

오늘처럼 촉촉하게 비가 내려주는 날엔 상황이야 어떻든 모든 것들을 받아들이고 잠시 쉬어 가는 것도 괜찮을 것 같다.

나이 들어 갈수록 자연에 가까이하고 싶은 것, 또한 자연의 섭리이려니.

길을 따라

길은 우리 삶의 이야기와 그 시간의 역사를 품고 있다.

시간의 흐름을 따라 사람들은 어느 한곳에 머무름이 없다. 하지만 자연은 인위적으로, 또한 천재지변이 일어나지 않는 한, 언제나 제 모습으로 제자리를 지켜간다.

수많은 이들이 오갔을 길! 길은 고목 그늘 속에 숨어 있다. 우거진 숲과 밑동이 굵은 나무들에서 세월의 깊이를 헤아릴 수 있었다. 시야에 펼쳐지는 풍경은 마치 한 폭의 명화를 보는 듯, 고혹적이다.

살다 보면 누구나 힘겨웠던 일들을 한 번씩은 겪어보지 않았을까. 그 문제들을 두고 회피하기보다는 순응해야만 한다는 것을 늦게 깨달았다. 사업이 부도나고 가족들과의 갈등, 두 번의 암 수술, 모든 것들에서 벗어나고 싶었다. 내 문제가 아닌 듯 잊고 싶었다. 항암치료도 견디기 힘들어 거부했다. 견디고 버텨내야만 했던 시간이 버거웠던 내게, 순응이라는 단어는 너무 낯설었다.

바람과 숲 향기에 몸을 맡겼다. 길 위에서 발에 걷어차이는 모난 돌이 되기도, 키 낮은 들풀이 되기도, 그러다 작은 새가 되어 떠들기도 했다. 그렇게 걷다 보니 겨드랑이에 날개가 돋친 듯 몸이 가벼워졌다. 한적하고 아늑한 길은 온전히 나를 품었다. 숲 사이로 쏟아지는 빛의 조각들이 찬란했다. 풀잎에 맺힌 이슬조차 보석이 되는 순간이다.

누군가 일러주지 않으면 알 수 없는 길, 있는 듯 없는 듯,

나 있는 길, 누구에게나 쉬이 허락되지 않은 길, 삶 속에서 어느 누구에게도 들키고 싶지 않았던 걸까. 겉으로 드러내기 싫었던 걸까. 인생 무상하여 어느 한 생각에 사로잡히거나 얽매이고 싶지 않았던 걸까.

조금만 걸어도 숨이 차고 온몸으로 진땀이 솟았다. 숨이 턱에 차오를 만큼 가파른 오름은 견뎌낼 수 있는 의지를, 지칠 만하면 나타나던 작은 폭포는 내 안에 가득 찬 욕망을 헹구어내고, 느긋하게 돌아드는 산길은 조급한 마음에 여유를 주었다.

차를 타고 오르는 길이 따로 있다. 하지만 그 길은 빠르고 편한 대신 걸으면서 느낄 수 있는 소소한 여유와 낯선 길에 대한 설렘과 낯설지만 익숙한 듯, 정감을 느낄 수 있는 감흥이 없다.

이 길은 길이라기보다 경사도가 심한 계곡이라고 해야 맞다. 쉬이 갈 수 없는 길이다. 길은 지금까지 걸어 온 나의 길을 똑 닮았다.

그렇게 힘겹게 오르다 보면 수고로움에 대한 보상인 듯, 곳곳이 다른 색과 모습으로 변화가 다채롭다. 호기심과 흥미를 유발하는 매력이 있다. 모두를 순응하고 걷다 보니 어느새 건조

하고 푸석했던 마음이 평안을 찾아갔다. 그렇게 평정심이 들 무렵, 작은 부도 두 개가 홀연히 나타났다.

침묵 속에 서 있는 부도는 거뭇거뭇한 돌이끼가 세월을 짐작게 했다. 시공간을 잊은 듯 서 있는 부도엔 어떤 표지 하나 없다.

"흔적을 두고 가는 것은 부질없는 일이라, 모든 형상이 있는 것 같지만 없고, 없는 것 같지만 있는 것이요."라며 바람결에 장삼 자락 휘날리며, 휘적휘적 걸어가는 일교국사의 음성이 들리는 것만 같다.

자연은 그대로인데 사람은 간 곳이 없다. 덧없는 삶에 무슨 미련을 담을까. 마음을 추스르며 길인지 계곡인지 경계를 두지 않은 길을 따라 무한 올라갔다. 구름 속에서 홀연히 드러나는 화암사.

빛바랜 단청이 마음의 빗장을 푼다. 처마끝 풍경 소리는 무한 천공을 흔들어 대고, 내 속에 나를 찾아, 무릎이 닳도록 108배를 올린다.

완주 화암사 가는 길은 시공간의 통로요, 깨달음이다. 그 길에 들어서는 순간 일주문이요, 불이문이다. 이 문을 들어서면 나와 남이 둘이 아니고, 시간과 공간이 둘이 아니다. 부처와 중생이 둘이 아니며, 반야와 번뇌가 둘이 아니다. 누구든 이 진리를 깨달아 본바탕을 찾으라는 뜻으로 이 문을 두는 것이라고 한다.

화암사, 온화한 모습으로 나그네를 온전히 품어 주었다.

추임새

수형이 멋진 감나무에 까치 두 마리 날아들었다. 구름 한 점 없이 파란 하늘과 감나무 우듬지에 몇 알 남겨 둔 홍시, 그리고 까치들.

마치 한겨울 여백에 그려놓은 한 폭의 풍경화 같기도 하고,

담백한 한 편의 시를 영상으로 보는 것만 같아 들숨 날숨이 가쁘다.

숨가쁘게 달려온 농촌의 들녘이 휴식을 취할 때쯤, 찬바람 속에서 빈 가지에 붉은 홍시를 몇 알 품고 서 있는 감나무. 그냥 그 모습이 고향이고 어머니다.

삶이 복잡하고 힘들 때면 대부분의 사람들은 고향을 찾게 된다. 그곳엔 어머니가 계셨고 그 품에서 행복했던 시간이 있었기에.

까치는 꽁지깃을 실룩이며 허기진 배를 달랬다. 고맙다는 표현인가, 고개를 몇 번 까닥거리던 까치는 어딘가로 훌쩍 날아가 버렸다. 감꼭지에 남아있는 붉은 살점 하나, 바람에 너덜거리니 홍시의 기억을 겨우 떠올릴 것 같다.

초겨울 여백으로 서정이 머물던 자리. 현실의 냉정하고 잔인한 실루엣이 마음을 아프게 한다. 그러나 그림처럼 달려있던 한 알의 홍시는 누군가에겐 식량이 되어 훈훈한 정이 깃든 아름다운 풍경이었다.

삶 속에서 우리는 알게 모르게 서로에게 비난과 힐책을 주거나 받거나 하는 일들이 빈번하다. 비난과 힐책은 서로에게 생채기를 내고 상처를 주고받는 일이다. 상대에게 흠집을 내면서까지 자신에게 명분을 쌓고 보기 좋게 포장을 한다 한들 내면의 모습은 드러나기 마련이다. 어디선가 찬바람이 불어오니 왠지 모르게 허전하니 쓸쓸해진다.

'헛 뚜둥 딱 얼쑤.'

겨울 추위에 뭇 생명들의 귀함을 배려한, 옛 조상들의 지혜와 사랑을 감나무 우듬지에서 아름다운 풍경으로 가르침을 얻는다. 수형이 멋진 감나무와, 홍시 그리고 까치가 있는 겨울 아침 풍경이 나그네의 마음을 보듬었다.

어딘가로 사라져 버린 까치가 잠시 머물다 간 감나무에 시선을 둔 채, 멍하니 서있는 내게, 아들이 운동화 끈을 질끈 매면서 "추운데 밖에 나가지 말고 집에 계세요. 꾀병 부리는 울 엄마 땜시 내가 고달픕니다." 능글스럽게 곁들인 한마디가 제 마음에 걸렸던지 씨익 웃고는 손을 흔들어 준다.

서로에게 가슴에서 우러나오는 마음 한 조각, 따듯한 시선, 말 한마디는 시린 겨울바람을 훈풍으로 만든다. 아들녀석 한마디에 힘이 솟는다. 작은 배려가 힘이 되어 주고 삶의 윤활유가 되어 준다. 하나 요즘의 일상에선 그런 것들이 쉽지만은 않은 것 같다.

습관처럼 켜놓은 TV에서 국악 프로그램이 진행되고 있다.

"흥보 마누라 들은 체도 아니 허고, 들어가 음식을 차리는디."

"헛 뚜둥 딱 얼쑤."

소리꾼의 소리가 애간장을 녹인다. 순간 일진광풍이 휘몰아친다. 놀부에게 괄시받던 흥보 마누라 신이 났다. 음식을 차리러 부엌으로 들어간다. 관객도 소리꾼도 고수도 어깨를 들썩이며 엉덩이를 실룩인다. 슬픔도, 기쁨도 모두 하나가 된다. 누가 하자고 한 것도, 미리 약속한 것도 아닌데, 한마당 너름새에 모두 한마음이 된다.

고수가 북을 치며 흥을 돋운다. 소리꾼이 소리 잘하라고 소리 중간에, 고수가 한마디씩 흥을 돋우는 것을 추임새라 한다. 고수는 아니지만 삶 속에서 그의 흉내라도 내어보며 사는 것도 괜찮지 않을까. 점점 사라져 가는 골목길에서 오랜만에 들어보는 또 하나의 추임새가 요란하다.

"밥 맛 없고 입맛 없으신 어르신들 조기 왔어요. 영광굴비가 왔습니다."

낙서 하나-봄비

밤길로 자박자박 가슴으로 피워 올리는 설렘
설렘조차 수줍어 차마 열지 못하는 창 아래서
서성이는 사랑
춥고 아린 시간에 응집된 진액들을
보드라이 녹여내
온 세상 세포, 세포마다 흐르고 스미어
터져 오르는 찬사
목마른 대지에 폭발하는
환희의 혈血

낙서 둘—박꽃

한 소절 또 한 소절 피워 올리는 꽃
바람 속에서 어둠 속에서
마디마디 맺힌 고독
혼으로 이어
달무리 사무치는 외줄기 길
흰 듯, 푸른 듯 홀로 가는
서늘한 꽃
당신은
눈물 꽃

잠들기 전에

처음이자 마지막인 오늘이라는 이름으로 하루를 살았다. 그런 오늘이라는 하루는 특별할 것 없는 일상의 모습이었다. 기쁜 일도 슬픈 일도 없었다. 그냥 별일 없이, 평이하게 무탈했던 하루, 그런 물맛 같은 하루였기에 더욱 감사하다.

“아침에 떠났던 자리로 돌아와 지금은 편안하고 포근한 잠자리에 듭니다. 오늘 하루도 무사히 보낼 수 있었기에 감사합니다. 내일도 오늘처럼 평온한 하루가 되었으면 좋겠습니다.”

잠들기 전에 오늘하루에게 전하는 감사의 인사다. 언제부턴가 잠들기 전에 기도하는 습관이 생겼다.

오늘 하루, 아침에 떠났던 자리로 돌아올 수 있어 감사했다. 누군가에게 도움이 될 만한 일을 하지도, 자랑스러운 일을 한 것도 아니다. 그렇다고 업무적으로 어떤 큰 이득을 본 것도 아니고, 누군가에게 맛있는 음식을 대접 하거나 받지도 않았다. 누군가에게 어떤 특별한 선물을 주거나 받지도 않았다. 그렇게 특별할 것도 없는 날이었다. 하지만 오늘 하루, 어제처럼 늘 하던 일을 했다. 사람들을 만나고 그들이 하고 있는 일에 대하여 필요한 것이 무엇인지를 알아보고 그에 합당한 것들을 전달해 주는 일을 하는 과정에 성가신 일 하나 없이 매끄럽고 무탈하게 진행되었기에 감사하다.

요즘, 자고 일어나면 상상조차 할 수 없는 사건, 사고들이 매스컴을 뒤흔든다. 20만 원에 제 어린 자식을 팔겠다는 20대 산모의 소식도 그중 하나다. 그녀에게 무엇이 그녀 자신을 궁지로 내몰게 했을까.

책 속의 한 줄, 좋은 글 모음집에서 읽었던 글을 옮겨 본다.

> 힘들 때, 푸른 하늘을 볼 수 있는 눈이 있어 행복합니다. 외로워 울고 싶을 때 소리쳐 부를 수 있는 친구가 있어 행복합니다. 잊지 못할 추억을 간직할 수 있는 머리가 있어 행복합니다.

그뿐이 아니다. 내 주변을 돌아보면 감사할 일들이 넘쳐 난다. 볼 수 있는 눈이 있어, 들을 수 있는 귀가 있어, 말할 수 있는 입이 있어, 걸을 수 있는 두 다리가 있어, 무엇이든 잡을 수 있는 열 개의 손가락이 있어, 아프지 않고 건강해서 감사합니다. 행복합니다. 더이상 무엇이 더 필요한가.

어쩌다 병원을 가면 신체적으로 불편한 분들을 많이 볼 수 있다. 그러고 보면 내 주변의 모든 것이 어느 하나라도 소홀함이 없어야 하는 것이다.

어느 날, 약속시간에 쫓겨 서둘러 운전을 하다가 자동차 사고가 날 뻔했던 아찔한 순간이 있었다. 지난 일이지만 그때를 생각하면 지금도 현기증이 인다. 진저리가 쳐진다. 돌이켜 생각조차 하고 싶지 않은 일이다. 그 순간에 별 탈 없었으니 얼마나 다행이고 감사했는지 모른다. 어떤 것도 더이상 바랄 게 없었던 순간이었다. "하느님, 부처님 감사합니다."라는 말을 연신 되뇌이며 바라보는 세상의 모든 물상들이 그렇게 아름다울 수가 없었다.

잠들기 전 오늘 하루를 돌아본다. 우리를 스쳐 지나가는 시간들 중에, 아무 일 없이 무탈하게 지나가는 순간, 순간의 시간이 눈물겹게 고마운 일이다. 우리가 숨을 쉴 수 있다는 것은 보이지 않는 공기가 있기 때문이다. 공기처럼 늘 곁에 있어 그 소중함을 잊고 살아가고 있지는 않았는지, 무엇이든 잃어버리기 전까지는 그들의 소중함을 깨닫지 못할 때가 많은 것 같다.

가까이는 내 사랑하는 가족과 소소한 일일지라도 웃고 즐기는 시간이 감사한 일이고 또한 행복이다. 끝없는 욕망을 향해 가는 길은 몸과 마음이 지쳐가는 시간일 뿐이다. 일도 휴식도 더 나은 행복을 위한 일이다. 그 길에서 보잘것없는 일일지라도 서로 나누고 보태며 이해하고 배려하며 이 모든 걸 감사하며 함께 가는 길이어야 한다.

잠들기 전 나는 오늘 무엇으로 하루를 살았는가, 내게 묻는다. 정신없이 바쁜 하루, 잠시 멈추고 하늘 한 번 바라보자, 산산하게 불어오는 바람도 느껴보자. 특별한 일 없이, 물맛 같은 하루가 얼마나 감사한 일인지.

한 점, 섬이 되어

이제는 습관이 되었다. 전날, 늦게 잠이 들던, 일찍 잠이 들든 상관없다. 아침 다섯 시 반이면 어김없이 눈이 떠진다.

돌이켜보면 젊은 시절엔 아침에 일어나기가 왜 그리도 힘겨웠던지. 알람이 울려도 끄기 바빴다. 그리곤 늦잠이 든다. 신명

나게 울리는 알람을 무의식중에 꺼놓고 후회를 한다. 늦게 일어난 탓에 출근 시간이면 서두르느라 정신이 없다. 나이 탓이려나. 요즘은 늦게 자도 일찍 잠이 깬다.

가벼운 스트레칭으로 시작하는 하루. 잠자는 동안 근육과 신경들이 느슨해진 탓에, 늘리고 당겨주면 몽롱했던 세포들이 깨어난다. 습관처럼 TV를 켜면 늘 사건 · 사고가 비일비재하다. 코로나 감염 소식도 점점 강도를 더해간다. 세계 각국 중 어느 한 나라라도 코로나가 멈추지 않는다면, 코로나와 마침표를 찍는 날까지 함께 가야 한다고 한다. 협박 아닌 협박 같은 소리에 반사적으로 마스크부터 챙긴다. 무엇이 두려운 걸까, 견뎌내야 한다는 것, 그것 때문인가.

오늘도 어제처럼 산만한 소식으로 현기증 이는 하루가 시작되었다. 어떻든 시간은 그 모든 것들과 상관없이 흐른다. 내가 움직이든 안 움직이든 어느 한순간도 머무름이 없다. 결국 시간에 밀려 출근 준비를 서두른다. 프리랜서니 갈 곳이 딱히 정해져 있지 않다. 오라는 곳은 없어도 갈 곳은 많다. 내 발길이 이끄는 곳으로 가면 되는 일이다. 그러므로 시간에 얽매임이 없다. 그것만으로도 좋다. 하지만 일장일단이 있다. 시간에 매임이 없으니 자신의 시간에 엄격하지 않으면 게을러지기 마침이고, 그 자리에 머물러 안주하려는 습성이 생긴다.

하루가 다르게 변화되는 시대를 살다 보니 보다 나은 삶을 위해서 끊임없이 노력하지 않으면 제자리에 머무를 수밖에 없다. 그러나 어떤 일에 대하여 열정을 쏟아낸 만큼의 결과는 어떤 방식으로든 부합되는 것 같다. 어디에 서 있건 방향을 잃지 않고 제 서있는 자리에서 최선을 다하면 되는 일이다. 그러나 세상 밖은 바람이 분다. 그래서 늘 두렵다.

어느 날, 바닷가 여행 중, 먼 바다 한 점 섬이 시야로 들어왔다. 혼자여서 외로운 걸까. 외로움에 대하여 혼자라는 것이 가끔은 자신의 감정에 균형을 잃게 될 때가 있다. 홀로 있어 고독해 보였지만 오히려 아름다웠다.

섬을 가만히 들여다보았다. 우르릉거리며 다가온 파도가 하얀 포말을 쏟아 놓는다. 푸른 바다색과 하얗게 쏟아지는 포말이 한 폭의 유화 같다. 그곳엔 해살거리는 조개도 있고, 바위 밑 출렁이는 물속에서 해초가 현란한 춤사위로 애교도 부려주고, 이따금 바닷새들이 들여다보며 콕콕 말을 걸기도 한다. 잔잔하고 아기자기한 삶이겠거니, 그러나 어느 날, 느닷없이 모든 것들을 부숴 버리기라도 할 것 같은 태풍이 들이닥쳐 모든 것들을 휘젓고 간다. 섬은 묵묵히 받아들였다. 그러나 부딪치고 휘둘릴 때는 하얗게 거품을 품었다. 견뎌야 하므로.

오늘이라는 시간 속을 이어가는 우리의 모습과 무엇이 다를까. 낮, 밤 없이 자동차의 굉음이 요란하고 수많은 사람들이 물결처럼 밀리고 오가는 거리에서 두리번거리며 홀로 서 있다. 까짓 것, 별거 있더냐. 오늘도 표류하듯 세상 속으로 한 발을 내딛는다.

한 점 섬이 되어, 부딪치고 견디며.

가을 단상斷想

강줄기를 따라 흐르는 물이 유유하다. 하늘도, 구름도 품었다. 가끔은 물결이 애교스럽게 이는 걸 보면 지나가는 바람도 품었구나. 그림자처럼 청벽의 소나무도 그 안에 있다. 강은 모두를 품고 흐른다.

아기 새의 솜털 같은 구름도, 고고함으로 하늘을 찌르듯 청벽에 뿌리를 내린 소나무도, 온 세상 곳곳을 투시하던 햇살마저, 강물 속에서 튀어 오른다. 이들을 바라보는 것만으로도 심장이 나댄다. 주책없다고 해도 괜찮다. 마냥 솟아오르는 엔도르핀은 이 가을을 알싸하게 사랑하게 한다.

관광버스가 요란하게 도착했다. 시끌벅적하다. 모처럼 보얗게 분을 바르고 일상을 두고 온 이들.

"손자는 누가 봐?"

"며느리가 휴가 받았어."

"좋다. 나오니 좋다."

가을을 닮은 이들. 초록으로 상큼한 봄을 보내고, 열정의 여름을 뜨겁게 지나고 나서야 이 가을날에, 묶여있던 시간 속에서 마법처럼 풀어져 시간을 거슬러 오른다. 바람과 강물, 그리고 반짝이는 햇살이, 몰려 온 한 떼의 연어들을 품었다.

오랜 시간, 곁을 스쳐 지나간 시간들이 결코 결이 곱지만은 않았을 터이다. 언덕 위, 비바람 속에서 꽃을 피워내고, 아름아름 열매를 맺고, 질까 날아갈까 보듬고 키우느라 아낌없이 쏟아부은 시간들, 빛으로 살아 한껏 쏟아져 내리는 언어들이 가을

노래가 되어 강으로 흐른다.

느낌도 형체도 없이 지나가 버린 시간들. 고향의 뙈기밭처럼, 정지된 시간 속에서 그리움만 키워간다. 어딘가 두고 온 것들, 그리고 어딘가에서 잃어버린 것들에 대하여 강물에 풀어놓는다.

강둑에 빈 의자 하나 놓여 있다. 그곳에 무채색 고된 여정을 뉘이고, 굽이치는 강물에 등짐을 풀어놓고, 세상에서 묻혀 온 분진도 흘려보내고, 눈도 손도 귀도 씻어 내리고, 가만히 귀기울이고 있으면, 온 육신으로 기억하는 태초의 소리. 어머니의 맥박 소리 나긋나긋 들려온다.

시간을 거슬러 오른다. 내게 묻는다.

'나는 누구인가!'

거칠고 고된 시간을 지나 왔기에 기억들이 낯설어, 연어가 되어 시간을 거슬러 오른다. 그 시간 속에서의 모든 것들로 인하여 사랑을 알았고 그 또한 품고 보듬으며 가야 한다는 것을 알았다. 그렇게 걸어온 시간들이 이제는 추억이며 그리움이 되었다.

어느새 노을빛이 강물 깊숙이 파고든다. 가을빛에 유난히 빛나는 은발이 사랑스러운 건 깊어가는 가을을 닮았기 때문이다. 또한 이 가을이 더욱 아름다운 이유가 된다. 연어는 강을 거슬러 오르려 몸부림을 치는데 거슬러 흐를 수 없는 강물의 숙명 앞에 초연히 스며드는 노을이 더욱더 붉게 타오른다.

이 가을은

톡 토독 톡, 유리창으로 빛이 튄다. 벤치 옆으로 피어있는, 한 그루 샐비어 꽃잎이 더 빨갛다. 높아지는 하늘을 따라나선 은행나무가 노랗게 질려서 거실 창으로 성큼 들어온다. 문을 열어 주지도 않았는데 제 마음대로 들어온다. 빛 때문이려니 싶다.

울컥!

목이 멘다.

덜 여문 것들을 더 여물게 하는 빛과

속도 없이 내주는 품!

그리고

어설프게 여물어가는 세월 때문에.

봄엔 가뭄으로, 여름엔 비바람으로 흔들어대던 시간들을 어머닌 계산도 않고 품었다. 시건방진 봄바람이 궁둥이를 흔들며 아름아름 맺어놓은 열매들을 애잦으며 바라보던 어머니.

밤새 별똥별을 수없이 빛으로 쏟아냈다. 결코 어머니의 세월을 닮지 않을 거라고, 암팡지게 쏟아내던 풋내기의 수다가 아직도 귓전에 쟁쟁한데……. 어머니는 세월 깊숙한 곳에서 여전히 쪼그리고 앉아 투박한 손으로 멍석 위에 빨간 고추만 널었다. 아직도 어린, 자식들에게 옹기종기 담아 보내야 할 고추장 항아리들의 개수를 헤아리면서.

옥수수수수염이 마르기 시작할 때면 어린 내 손을 잡고 외가로 향하는 어머니의 발걸음이 바빴다. 어머니의 걸음이 왜 그리도 빨랐는지를 그때는 몰랐다. 겨우 어머니의 흉내를 내고 있을 즈음에야 깨닫는다. 어머니도 딸이었다는 것을, 그리고 소녀였고, 여인이었다는 것을.

장독대를 둘러서 외할머니가 심어 놓았다는 맨드라미, 봉숭아 꽃잎을 따서 어머니는 기장떡에 그리움의 수를 놓고 장독대에 앉아 손톱에 봉숭아 꽃물도 곱게 들였다.

뜨겁던 여름날의 이야기들을 품고 견뎌 온, 옥수수를 알알이 따서 먹다 보면 밤새 달빛으로 자라는 박처럼 어머니의 그 어머니의 품에서 자라던 꿈길 같은 아련한 그리움들이 빛으로 쏟아져 내린다.

가뭄과 장마, 태풍을 견디던 날들을 달력의 숫자처럼 가지런히 물고 익어가는 햇곡이며 과일들이 대견하다. 푸르고 시린 높다란 하늘로 은갈치가 공간을 가른다. 그 틈새를 비집고 달콤한 향기를 품고 달려오는 바람의 기세가 당당하다. 잠자리들도 신이 났다. 국화주 한 잔에 빨갛게 달아오른 꼬리를 흔들며 허공을 맴맴 돈다. 나도 따라 돈다.

저물어가는 시간이 숲길에서 낙엽으로 져 갈 때, 이 계절은 누구나 다 시인이 된다.

그래도, 암만 그래도

어머니의 투박한 손마디에 머문 고추가 더욱 빨갛게 보일,

이 가을은

어머니, 당신을 더욱 생각나게 합니다.

제4부

천천히, 느리게

외씨버선 길

가느다란 발목을 부여잡은 선이 발등으로 스르륵 내려선다. 그리곤 온 힘을 모아 발끝에서 허공으로 치솟는다. 거침없이 치솟던 선이 와락 바닥으로 쏟아질 것만 같다. 선을 응시한다. 호흡이 멈추었다. 온몸이 쪼그라든다.

순간, 화르르 무너져 내리는가 싶더니 선이 살아 허공을 휘돌아 오른다. 안도의 숨을 길게 내쉬는 순간, 봉우리 하나를 봉긋이 만들어낸다. 솜씨 좋은 여인의 가녀린 손끝에서 빚어진 새하얀 버선코. 앙증맞은 모습이 야무진데 당차기까지 하다.

어머닌 거실 바닥에 털썩 주저앉아 버선발을 하늘로 치켜세운 채, 작은 발에 꽉 끼워진 버선을 벗으려고 애를 쓴다. 양말은 쓰윽 잡아당기면 되지만 버선은 신고 벗기가 수월치 않다. 버선은 발을 조이듯 신어야 버선발이 조붓하여 통통하니 예쁘단다. 하지만 그렇게 조이는 버선을 신고 있다 보면 시간이 지날수록 발이 조여 불편하다.

버선발처럼 스스로에게 절제를 요구하면서 살아온, 어머니의 세월을 쉬이 내려놓지 않을 것인 양, 버선은 어머니의 억센 손과 한참 동안 실랑이를 벌이고 나서야 하루의 수고를 내려놓는다.

중국의 전족은 미의 기준이 발 크기여서, 여인의 발에 버선을 신겨놓고 인위적으로 발을 작게 만들었다. 발의 크기가 세치인지 아닌지에 따라 미녀와 추녀의 구분을 두었다고 한다. 당시의 여인이라서 겪어야 했던 애처로운 문화였다. 문화든 풍습이든 악습은 힘들고 불편한 일이다. 우리에게 버선은 옛 여인들의 삶 속에서, 어쩌면 가부장적 문화 시대에 그들이 참고 견딜 수 있었던, 강인한 힘의 원천이었을지도 모른다.

어머닌 갓 스물에 쪽찌고 고된 시집살이를 했어도, 바람에 흔들리던 남편을 밤새워 기다렸어도, 토끼 같은 자식들 키우느라 힘겨웠어도 젊고 건강하고 꿈이 있었던 그때가 좋았느니라 하신다.

한복에 하얀 앞치마를 두르고 종종걸음으로 집안일을 하실 때면, 흔들리는 어머니의 치맛자락 끝에서 오뚝한 버선코가 보일 듯 말 듯 애를 태운다. 그를 바라보고 있으면 목젖으로 침이 꿀떡, 넘어가는 소리가 들렸다.

이제 자식들 여의살이 끝내고 살 만하니 여유 부리는 것도 사치인 걸까.

거뭇거뭇 때 묻은 버선 두 짝을 허물처럼 벗어놓고 소설 속 주인공 같은 노모가 병원 침대에 납작 붙어있다.

늪지대 같은 삶의 바다를 거침없이 건너던, 어머니의 고관절이 부서지던 날은 엉켜서 풀 수 없는 감정들이 스멀스멀 내 온몸을 조였다. 소리도 흔적도 없이 사라진 어머니의 시간들이 노모의 주름진 얼굴로 그림자처럼 드리운다.

'내가 이 집안에 시집와 맏며느리로 호랑이 같은 시어머니 수발에, 얼굴도 모르는 조상님들 받들고, 까탈 맞은 저 양반 뒷바라지며 오남매 낳아 기르고 가르쳐 시집장가 다 보냈으니 되었다. 이제 내 할 일은 다 했다.'

무형의 등짐을 지고 힘들다는 소리 한번 지르지 않았던 길. 누구의 아내, 며느리, 어머니로서의 긴 세월을 자신보다 가족들을 향해 무한 쏟아낸 시간이다. 한 남자의 아내요, 낯설고 익숙하지 않은 한 집안의 며느리요 자식에겐 어머니라는 이름, 그 이름 석 자는 희한하게도 의무는 있는데 권리는 없다.

그 길에서 살도 수분도 모두 소진하고 이제는 병원침대에 납작 붙어서 허공만 바라보고 있는 여인. 아름답고 찬란할 수 있었던 어머니의 시간들을 속절없이 파먹은 나는 살기 바쁘다고 어머니와 술래잡기를 하고 있다. 기나긴 여정에 휴식처럼 누워있는 어머니의 모습 위로 또 하나의 실루엣이 드리운다. 내가 그곳에 서 있다.

"우리의 인생은 너무나 귀중하니 그것을 파괴하지 말고 쟁취해야 하는 것"이라는 테레사 수녀의 말을 되새겨본다. 우리의 인생은 도전이요 의무이며 게임이고 약속이다. 슬픔이고 투쟁이며 모험 그리고 비극이며 또한 행운이다.

사람마다 삶의 방향과 방식은 모두 다 다르겠지만, 여인의 일생 중 어머니의 길은 자녀에 대한 절대적인 사랑으로 숭고한 희생의 길이다. 내게 있어 내 삶에 강기슭이었던 어머니. 그 어머니의 낡은 버선을 내 발에 대어본다.

발도 참, 작다.

작은 발로 걸어온 길, 보고 있어도 알 수 없는 그 길을 내가 걸어가고 있다. 겁도 없이.

11월

흩날리는 낙엽 한 장에도 희생과 배려의 삶이 있다. 자연은 어느 하나 소홀함이 없다.

11월이 되면 기온이 내려가 옷깃으로 스며드는 바람이 제법 차다. 이 무렵 대부분의 사람들은 춥고 시린 겨울나기 준비를 시작한다. 생각해 보면 우리가 살아가는 모든 일에 있어 작고 큼을 떠나, 준비하고 실행하는 과정이 있었다. 이 모든 것들이 자연의 섭리였다는 것을 새삼 깨닫는다.

11월은 그레고리력에서 한 해의 열한 번째 달이고 30일까지 있으며 시월과 12월 사이에 있다. 시월은 오색의 단풍으로 화려하고, 12월은 크리스마스라는 명분이 있는 날이 있어 흥과 설렘이 있다.

하지만 11월은 화려하지도 않고 이름 있는 날도 없다. 조용히 까슬까슬해지는 날씨에 온 산야 초목들이 나뭇잎들을 떨어내기 시작한다. 제 몸의 일부를 떠나보내야 하는 이별의 시간이요, 비워 내는 시간이며, 사색思索의 시간이다.

11월은 이별의 시간이다. 나뭇잎들은 초록으로 분분하던 날들, 오색의 화려했던 시절들을 뒤로하고 낙엽이 되어 하나, 둘 바람을 따라 나선다. 두고 가는 못다 한 정에 미련을 두었는가, 사시나무는 밤새 떨었고 참나무는 온밤을 서걱거렸다. 영원한 이별을 앞에 두고 먹먹하게 밀려드는 서러움조차 삭여내는 냉정함에, 시린 바람이 자꾸만 품속을 파고든다.

11월은 비워 내는 시간이다. 나무들은 겨울나기를 위해 스스로 분비물을 내어 떨켜층을 만든다. 떨켜층이란 잎이 지기 전, 잎자루와 가지가 연결되었던 부위에 형성되는 특수한 세포층을 말한다.

초목들은 뿌리에서도 영양분을 받지만, 영양분이 가장 많은 곳은 잎이다. 잎은 엽록소가 있어 햇빛에 의한 광합성으로 에너지를 만들어 꽃과 열매를 맺고 겨울을 이겨 낼 수 있는 에너지를 얻는 곳이다.

나무는 잎이 지기 전에 모든 영양소를 잎에서 줄기와 가지로 옮겨 놓는다. 그 후, 떨켜층으로 인해 수분 공급이 차단되면서 잎들이 자연스럽게 떨어지게 하는 것이다. 떨켜층은 나무들이 추운 겨울을 무사히 지낼 수 있게 하는 나무의 지혜요 자연의 섭리다.

나뭇잎은 잎에 있는 모든 양분을 줄기와 가지로 옮겨놓을 때 단풍이 든다. 단풍이 든다는 것은 인간에 비유하면 멍이 드는 것이라고 한다. 나뭇잎이 생의 마지막을 준비하는 시간에 우리는 오색의 화려한 단풍 구경을 시끌벅적하게 한다. 제 가진 것을 모두 내주고 마지막 길을 떠나는 낙엽 한 장은 내 삶을 돌아보게 하는 의미가 되었다.

떨어지는 낙엽 한 장, 한 장의 풍경이 존엄하다.

나 자신 알지도 못하는 사이에 누군가의 희생과 배려로 살아가고 있었다는 것을.

11월은 사색의 시간이다. 제 몸의 일부를 냉정하게 떨어 낸 나무들은 조용히 창을 닫고 내면의 뿌리를 깊이 내리기 시작한다. 지녔던 것들을 훨훨 털어내니 실체들이 비로소 보인다. 비워 냄으로써 비로소 보이는 매임 없는 날갯짓은 정신의 불모지에 이는 기척이다.

땅에 떨어진 낙엽을 밟으며 허망함의 끝에서 미망의 한 생각에 화두를 던진다. 행복은 비움에서 오는 것인가. 채움에서 오는 것인가.

수암골 이야기

가벼운 발걸음으로 추억을 소환해서 일상의 노곤함을 달랠 수 있는 곳이 있다.

청주 수암골. 그곳에 가면 마을 입구에 관광 안내소가 있고 마을 어른들이 방문객들에게 방명록 작성과 마을 관광 안내서도 챙겨주고 마을 관광 안내를 돕고 있다. 그런 모습들이 꽤 인상적이었다.

수암골은 현재 주민들이 생활하고 있는 공간이므로 관광 시 조용히 둘러보아야 하는 곳이다.

특이한 점은 옛 모습 그대로의 오래된 집들 사이로 분위기 멋진 카페와 신축 건물들이 오묘하게 조화를 이루고 있다는 것이다. 그 틈새로 경사도가 심한 좁은 골목길들이 전혀 어색하지 않으면서도 이색적이다. 그것은 아마도 지역의 주민들과 대학생들, 예술인들이 서로 머리를 맞댄 힘든 노력이 있었기 때문이 아닐까 한다. 그로 인해 좁고 경사도가 심한 좁은 골목길로 형성된 작은 마을인 수암골이 전국 명소가 되었다.

그들은 '추억의 골목 여행'이라는 주제로 수암골을 다시 태어나게 했다. 좁고 경사진 골목의 담벼락은 아름다운 이야기와 추억을 불러올 수 있는 그림으로, 또한 상상의 나래를 펼칠 수 있는 자유로운 그림으로 가득 채워져 있다.

경사진 골목에 그려진 피아노 건반은 약속이나 한 듯, 지나가는 이마다 통통 뛰어본다. 어른아이 할 것 없이 그 모습에 웃고 떠들며 즐겼다. 머리가 허연 할아버지와 손자가 손을 잡고 건반 위를 뛰면서 “나의 고향은 꽃피는 산골”로 모두의 가슴으로 어린 시절을 소환했다. 그들의 웃음꽃은 그 어느 꽃보다도 싱그럽고 아름다웠다. 상상의 골목길에선 전봇대를 오르는 소녀의 모습을 두고 경사진 골목길을 걸어가는 거라는 둥, 전봇대를 오르는 거라는 둥 바라보는 이마다 다른 생각으로 웃고 즐길 수 있는 묘미를 더했다.

수암골은 추억 속으로 한달음에 달려갈 수 있는 곳이다. 잊고 있었던 정겨운 추억들을 소환해서 잠시나마 힘겨운 일상을 벗어나 힐링할 수 있어 좋다. 내 가까이 심신을 달랠 수 있는 곳이 있다는 것은 청주 시민으로서 복된 일이 아닌가.

가파른 경사로를 따라 오르다 보면 벽화마을 꼭대기 전망대에 이른다. 이곳에선 청주 시내를 한눈에 담을 수 있다. 옹기종기 모여 있는 집들 사이로 좁은 골목길들이 숨바꼭질을 한다. 익숙한 듯 설레고 정겹다. 골목길 끝에서 어린 시절 그 모습 그대로의 친구들이 내 이름을 부르며 달려 나올 것만 같다. 그렇게 익숙한 듯, 걷다 보면 현대적인 감각의 카페가 스윽 나타난다. 다른 시대로 순간이동을 한 듯, 착각하기도 했다. 이런 마을 구조의 발상이 신선했다. 골목골목마다 수암골만이 지닐 수 있는 맛이 있다.

수암골은 한국 전쟁 이후 피란민들이 정착하면서 형성된 마을로 아픈 사연을 품은 청주의 마지막 달동네였다. 몇 년 전, TV드라마 제빵왕 김탁구를 비롯하여 여러 편의 드라마 촬영지가 되면서 유명해졌다.

새로운 모습으로 다시 태어난 수암골엔 마실이라는 마을 카페도 있다. 이곳엔 옛 추억을 소환할 수 있는 추억의 간식거리가 즐비하다. 달고나, 라면땅, 별별뽀빠이 등등.

이들을 보고 있으면 까마득히 잊었던 일들이 떠오른다. 초등학교 수업시간에 라면땅을 먹다가 선생님께 들켜 벌쓰던 일, 벌쓰면서 친구와 장난치다가 화장실 청소까지 하던 일들이 슬며시 떠오르는 마법의 마을이다.

수암골에 가면 왠지 반가운 이 있을 것 같고, 그리운 이를 만날 것 같고, 누군가 버선발로 쫓아 나와 나그네조차 살갑게 맞이해 줄 것만 같은 익숙함과 정겨움이 있다.

해자垓字

사방이 고요하다. 들려오는 소리는 바람 소리뿐. 비 그친 뒤 불어오는 바람 속에는 초록 향기가 있다. 노쇠해져 가는 세포가 회춘할 것만 같은 신선함이 폐부 깊숙이 파고든다. 온 육신이 정갈해지는 느낌이다. 공기청정기니, 에어컨이니 아무리 시원하고 쾌적하다 한들, 자연의 오묘함만 할까. 예나 지금이나 자연의 숨결은 언제나 옳다. 빗물을 흠씬 머금은 잔디가 초록빛이 영롱하다. 나지막한 토성은 정갈했고 고요했다.

청주 정북동 토성은 늘 오가던 길에서 시야에 들어올 만큼의 거리에 있었다는 것도, 입구에 커다란 돌 입간판이 있었음에도 토성의 존재를 몰랐다. 부주의한 관찰력 탓인지, 가까이 있었기에 무심으로 멀리 했던 건 아닌지 싶은데. 우연한 기회에 지인과 함께 토성을 찾게 되었다.

사적 제415호인 청주시 정북동 토성은 미호천의 남쪽 평지에 자리한 금강유역 유일의 네모꼴 토성이다. 성벽의 축조 방식이나 출토 유물을 볼 때 삼국시대 초기인 3세기에 처음 만들어진 곳으로 추정되며 이후, 후삼국 시대에도 활용된 것으로 보인다고 한다.

둘레는 675m 1.6m~1.7m 간격으로 성벽의 안팎에 나무 기둥을 세우고 사이를 나무판자로 구분하여 흙과 진흙을 교대로 다져 쌓아 놓은 토성이다. 성곽이 본격적으로 축조되기 시작한 초기 단계의 유적으로 보존 상태가 좋고, 평지에 네모꼴로 쌓은 토성으로는 우리나라에서 유일하게 남아 있는 곳으로 귀중한 자료로 평가되고 있다고 한다.

이곳은 특이하게도 짐승이나 적의 침입을 막기 위해, 성의 바깥쪽을 빙 둘러 25m 정도의 넓이로 골을 파 놓은 뒤, 그곳에 물을 가득 채워 넣었다고 한다. 이를 해자垓字라고 하는데 현재 일부분의 해자에는 물이 채워져 출렁이고 있다. 출렁이고 있는 저 물도 이미 그 시대의 물이 아니다. 오래전 그날, 성을 쌓아 올리고 성 둘레를 파고 물을 채워 방어력을 높이며, 삶의 터전을 일구던 그들은 어디로 갔을까.

세월도 가고 사람도 가니, 시대도 변하고 형상은 사라지고 그 시대마다 사람의 흔적조차, 영겁의 시간 속으로 묻혀 간다는 생각이 드니 가슴이 먹먹해져 온다. 비 그친 뒤 드러난 하늘이 유난히 파래서 가슴을 더욱 시리게 한다.

산다는 일에 있어 그들이나, 문명이 고도로 발달된 현대를 살고 있는 우리나 먹고사는 일의 근본은 같을 것이 아닌가.

성벽 둘레를 파고 물을 채워 적을 방어하며 살아가던 그들이 어디선가 훅, 나타날 것만 같아 주위를 추스르는데, 토성을 휘돌아 나오는 바람소리가 마치 휘파람 소리 같다. 그들만이 통하는 신호음 같은 소리에 온몸으로 소름이 돋았다. 사람의 일생이 이리도 덧없는 것인데, 우리는 오늘도 바득거리며 또 하루를 걸어가고 있다.

어느새 야트막한 토성으로 노을빛이 내리기 시작했다. 문명이 발달된 시대를 살아가고 있는 우리 역시, 국가안보는 물론, 정치 및 경제적 우위를 차지하기 위해, 국가 간의 치열한 경쟁 속에서 긴장을 늦추지 못한 채 살고 있지 않은가. 그뿐이랴. 코로나바이러스로 전 세계가 비상시국이다. 생명을 담보로 눈에 보이지 않는 적과 싸우고 있다. 해자는 예나 지금이나 우리가 생을 영위해 가는 동안은 여전히 필수요소다.

해자垓字는 오래전, 옛 시간 속에만 있는 것이 아니다. 문명이 발달할수록 해자 역시 더욱 더 지혜로워져야 한다는 것이다. 불편하고 힘들지만 물을 채워 넣고 적의 침입을 막고자 했던 그 시대가 막연하게 그리운 건, 단편적인 생각일 뿐인가. 복잡하고 착잡해지는 마음에 울적함이 스민다.

하늘도 안타까웠음이려니, 시대를 아우르며 남아있는 나지막한 토성과 그리 멋지지도 않은 다섯 그루의 소나무, 덧붙여 우리의 노곤한 일상으로 내리는 금빛 노을은 미호천 줄기를 타고 삶의 맥脈으로 흐른다. 영원히 묻혀 갈 또 하나의 하루가 마무리되는 시간, 토성으로 내리는 노을이 장엄하다.

정북동 토성은 노을 지는 시간에 영묘한 기운을 드러낸다. 가장 신비스런 모습으로.

천천히, 느리게

칠월은 잊고 있던 고향을 떠올리게 한다. 들녘으로 벼 포기들이 초록 융단처럼 깔리면, 녹색의 여린 싹들도 어느새 아름아름 열매를 맺고 키워간다. 밭둑에 옥수수도 쑥쑥 자란다. 칠월은 어디를 가나 고향 냄새가 난다.

이제 곧 학생들의 여름방학이 시작되면 휴가철이다. 그러나 요즘 아이들은 좀더 높이, 멀리 가기 위해 방학이 되어도 바쁘다. 신나게 뛰어노는 아이들을 보기가 어렵다. 고도로 발달된 산업화로 인하여 아이들은 주로 건물 안에서 활동을 한다. 그러다 보니 벼를 쌀 나무라 하고, 한의사인 며느리가 산수유라는 실제 열매를 본 적이 없다고 했다는 어느 시모의 말에 모두 웃었지만 웃는 게, 웃는 게 아니다. 그런데 그 일이 웃어야 할 일이던가.

내 어린 시절, 열 살 적 여름 방학은 인생 최고의 시간이었다. 시골 외할머니 댁에 갈 수 있기 때문이다. 가재를 잡을 수 있는 도랑이 있고, 으름이나 개암도 구경할 수 있다. 그 무엇보다 신나는 일은 학교에 안 가도 되고, 아침부터 해 질 녘까지 들로 산으로 뛰어다니며 마음껏 놀 수 있어서 좋았다. 특히 공부 하라는 소리를 안 들어서 좋았다.

해 질 녘이면, 삼촌과 엄마를 닮은 이모가 마당에 커다란 멍석을 깔고 모깃불을 피운다. 할머니는 새콤한 열무물김치에 모락모락 김이 오르는 옥수수와 감자를 한 소쿠리 내 오신다. 이모가 따끈한 감자를 반으로 '팍' 쪼개면 파삭하니 하얗게 김이 오른다. 따끈한 감자를 한 입 베어 물면 속살이 보드라이 터지며 달달함이 입 안 가득 퍼진다. 그 시절, 그 맛을 아직도 잊지 못하는데 물질이 넘쳐나는 이 시대에, 오히려 어디에서도 그 맛을 느낄 수가 없다.

자동차가 귀하던 시절, 매끈한 아스팔트가 아닌, 먼지 나는 신작로 길을 덜컹이며 달리던 버스를 오랜 시간 타고 갔었다. 가는 길은 멀었어도 마음이 먼저 앞을 서니 사람과 사람 사이가 가까웠다.

여름방학이면 며칠날쯤, 손녀가 도착할 것이라는 내용의 손 편지를 할머니께 보낸다. 어머니는 친정어머니에 대한 안부며 구구절절 애틋함으로 써 내려간 손 편지를 우체통에 넣었다. 느리게 가는 손 편지 한 통 받아들고 할머니는 온종일 동구 밖에서 기다림에 대한 설렘으로 서성거리셨다. 순식간에 전달되는 핸드폰이 없었어도 우체통에 넣어 느리게 가는 손 편지 한 장 속엔 서로를 바라보는 애틋함이 있었다.

가끔 매스컴을 통해 독거노인들이 세상을 떠나도 며칠이 지난 뒤에야 그 사실을 알 수 있었다는, 안타까운 사연들이 가슴을 먹먹하게 한다. 누구든 세월을 지고 가는 삶일진대, 늙어가지 않을 사람이 어디 있으랴. 사느라고 바쁜 자식들이 스마트폰으로 잠깐 들려주는 목소리에 고향의 어머니는 하던 일 던져놓고 반색을 하신다. 그리곤 짧은 파장의 떨리는 목소리로 "언제 올래, 마늘 가져가야지……." 하신다.

산다는 모습들이 돌아보면 비슷비슷한 것 같다. 바쁜 자식들 얼굴 한 번 보기 어려운 시대가 되었다. 누구나 할 것 없이 숨가쁘게 달려가야 하는 길이다. 욕망에 떠밀려 세상사에 지치고, 상처받다 보니 혼란스럽다. 어지럽다.

이제 봄에는 어떤 꽃이 피고 지는지, 여름엔 녹음 속에서 짝을 찾느라 애절하게 울어대는 매미의 삶도 살펴가며, 황금들녘을 만들어내는 가을엔 벼의 향기도 맡아보고 산국화차도 만들어 보련다.

멍멍이가 길게 누워 낮잠 자는 마당가에 돗자리를 펴고, 제철 감자도 옥수수도 쪄내어 시원한 열무물김치 곁들여, 울 너머로 손짓하면 달려오는 사람들과 도란도란 피워 올리는 이야기꽃이 허접해도 좋다. 그러면 마냥 사람 사는 것 같겠다.

움켜쥐었던 주먹을 활짝 펴고, 이제는 나만의 시간으로 그렇게 천천히, 느리게 가보련다.

섬

코로나바이러스로 인하여 요양병원 4인실은 굳이 말로 표현하지 않아도 그리움이 눈으로 전해진다. 한 달에 한 번씩밖에 볼 수 없는 상황을 설명해도 어머니는 자꾸만 까먹었다.

세상으로 향하는 시간을 헤집으며 오늘도 나는 바다로 향한다. 바닷가 모래밭에 쪼그리고 앉아 파도 속으로 사라졌다 다시 떠오르는 섬들을 응시하고 있다. 파도가 휘몰아칠 때마다 섬들은 바다속으로 가라앉았다. 그리고 한참 후 다시 떠오른다. 그 순간들이 볼 때마다 아찔하다. 숨이 멎는다. 애가 잦는다. 그러나 다행히 위로가 되는 것은 다시 모습을 드러낸다는 진실이다. 그래도 바라보는 마음은 늘 짠하다.

바다 한가운데 홀로 떠 있어 거친 파도조차 품어야 했는가.

섬들을 바라보고 있자니 뒤섞여 알 수 없는 감정들이 응어리가 되어 가슴속 어딘지 모를 깊은 곳으로 묵직하게 떨어져 내렸다. 그 순간 단전이 텅 비어버렸다. 허리가 휜다. 허기가 들어 마른기침이 인다.

철없던 시절엔 멀리 보이는 섬들이 홀로 떠있어 멋지고 고즈넉하니 아름다웠다. 혈기가 돌아 손만 뻗으면 닿을 듯하여, 온 육신이 짜릿짜릿했다. 물안개가 자욱하게 섬을 휘감고 있으면 그들이 아른아른하다. 신비스럽다. 그곳에 닿을 수 있도록 시간이 빨리 흘러가길 조급한 마음으로 기다렸다.

그곳엔 무언가 괜찮거나 근사한 일들이 있을 것만 같았고,

그 누구도 알지 못하는 신비한 일들이 속살거리고 있을 것만 같았다. 그곳은 무작정 좋은 일들이 일어날 것 같은 꿈을 품게 했다.

그러나 바다 한가운데 홀로 떠 있는 섬을 향하여 파도의 외침은 거칠고 세찼다. 멈출 줄 모르고 앞으로만 나아가려는 성품이던가. 거칠게 달려와 인정사정없이 섬을 후려치고는 제 속내만 허옇게 쏟아 놓고 유유히 사라져 간다.

섬이 격정의 시간을 견디며 지친 육신으로 존재하는 이유는 무엇일까. 자신조차 알 수 없는 업장業障이던가, 짊어져야 할 숙명이 있었던가. 홀로 떠 있어 쓸쓸하고 외로운 것이 아니다. 모든 것들을 감수하고 묵묵히 견뎌야 하므로 고독한 것이다.

섬이 바다에 존재하는 한, 치열하게 견디고 감수해야 할 시간은 지속될 것이다. 희로애락이 일상이 되어 삭히고 묵혀 온 것들이 커다란 바위 한 귀퉁이에 거뭇거뭇한 돌이끼가 되어 흔적처럼 말라 가고 있었다. 오늘도 여지없이 파도가 몰아친다. 지나가던 갈매기 한 마리 지친 날개를 접고 잠시 쉴 곳조차 내어 줄 수 없다.

바서지고 흩어지며 쏟아지는 하얀 거품들이 거들먹거리는

도시의 밤에서 황홀하게 출렁이고 있다. 왜 그러냐고, 따질 일도 아니다. 결국 모든 것들이 내 안에서 나오는 것들이기에. 있는 그대로, 보이는 그대로를 인정하면 되는 일이거늘 다만 그렇지 못했다는 것을.

문명의 질주 속에 휘청거리는 정서는 고뇌의 날개를 접고 잠시 쉴 둥지조차 잃었다. 사람들은 '잠시만 기다려주면 된다.'고 본질을 알 수 없는 외침들을 쏟아내며 부모 형제, 친구, 이웃에게서 점점 멀어져, 거대한 빌딩 숲과 수많은 소리들로 뒤엉켜 있는 도시로 달려갔다. 이제는 그 도시에 멀미가 난다.

병실에 누워있는 어머니, 나, 그리고 세상 사람들 모두가 바다 한가운데 섬이었다. 오늘도 파도는 여지없이 달려와 속내만 쏟아 놓고 사라져 갔다. 부글거리며 하얗게 흩어지는 인연의 끈들이 도시의 한 공간을 떠돈다. 오늘도 어제처럼.

무제無題

까만 화폭에 터지는 불빛들이 마치 입안에 박하사탕 맛 같다. 눈이 부시다. 하루를 살기 위해 나대던, 정신없었던 시간들을 까마득히 잊은 채, 어둠 속 세상을 바라보고 있다. 낮보다 더 화려하다. 색색의 조명이 서로의 빛을 더하니 별이 쏟아져 내린 것 같다.

동화 속에 들어와 있는 듯, 어린아이처럼 좋아라 하고 있다. 더불어 따끈한 커피, 라떼, 국화차 각자의 취향대로 차 한 잔이 곁들여지니 눈도 입도 마음까지 호사를 누린다.

카페테라스에서 청주의 야경을 즐기다가 실내로 들어왔다. 밤바람이 제법 차다. 창밖으로 낙엽 한 장이 휘둘린다. 밤이 휘장처럼 드리운 허공으로 지난 시간들이 클로즈업되었다.

두려울 게 없었던 날들, 힐을 신고 찬바람에도 스커트는 짧았다. 상대가 누가 되었든 가당찮게 세우던 자존의 힘은 어디서 생성되었던 걸까. 회고의 물꼬를 트고 있자니 실없는 웃음이 터졌다. 현실은 단화를 신었고, 귀밑머리는 어느덧 희끗희끗해졌다. "젊은 시절엔 하루는 짧고 1년은 길다. 나이를 먹으면 하루는 길고 1년은 짧다."라는 말이 있다. 지극히 실감 나는 명언이다.

찻잔 사이로 설왕설래하다가 문득 달력에 눈길이 머문다. 작년 이맘때쯤 어느 날에도, 우리는 이 순간과 비슷한 풍경을 연출하고 있었다. 그날도 한 해를 보내는 아쉬움과 새해를 맞이하는 설렘으로 그리운 얼굴들과 시간을 함께했었다. 오늘처럼.

그 시간이 바로 엊그제 같은데 어느새 일 년이라는 시간이 지났다. 또 하나의 숫자가 내 나이에 더해졌다. 어떻게 늙어 가야 하는지 알지도 못하고 나이 들어가고 있는 중이다.

하루하루가 이토록 빠르게 지나갈 줄 몰랐다. 지나고 보니 더욱 느껴지는 것이다. 일 년을 두고 느끼는 결과는 천차만별이겠지만, 누구나 이맘때면 규칙처럼 무엇인가 마무리해야 할 것 같고 또 다른 시작을 위해 무엇인가를 해야 한다는 압박감이 든다. 이렇게 한 해가 끝나갈 무렵이면 막연하게 먹먹해지고 더불어 할 일도 딱히 없으면서 마음만 분주해진다.

여인들의 수다는 끝이 없다. 여고 시절로 달려가고, 첫 연애의 달콤했던 시간들을 소환하고, 시집살이하던 시간들을 이제는 추억이라 이르며, 한 가족의 중심에 서서 많은 사연들을 품고 아우르며 달려 온, 이순의 고갯마루에 서서 돌아보는 지난 시간들.

어머니의 딸에서 누군가의 아내, 며느리, 어머니로 한 여인의 역사를 만들어 왔다. 이제 깜찍하고 상큼 발랄했던 앳된 모습은 없다. 세월 속에서 성숙된 우아함과 무게감을 지닌 여인들이 되었다.

인생이라는 것이 정말 무엇인지, 다만 결코 쉽지 않은 길이라는 것이다. 윈스턴 처칠의 말이다. “우리는 받아서 삶을 꾸려나가고 주면서 인생을 꾸며 나간다.”고 했다.

나이들어 해야 하는 일들은 내 주머니에 무엇을 더 채우기보다는 꽉 움켜쥐었던 것들을 펼쳐야 할 때이고, 앞만 보고 걷느라 보지 못했던 것들, 잊고 있었던 것들, 놓치고 지나온 것들에 대하여 화해를 하는 것이다.

얼굴엔 주름이 생겨도 마음의 주름은 만들지 않기 위해선 조이고만 살았던 것들을 느슨하고 넉넉히 풀어놓아야 한다.

어느새 어둠이 짙어지고 찻잔도 비어갔다.

“조심해서들 가라. 이젠 눈도 침침해져 예전만 같지 않아.”

서로에게 밤길을 염려하며 우리들은 이 삶 중에 가장 젊은 날을 마지막 잎새에 담아 어둠 속으로 보냈다.

아, 어쩌라고

올여름 폭염 탓에 새벽부터 노동이 시작되었다. 노동 후 더위를 피해 직원들과 함께 카페로 들어섰다. 숨막히는 폭염 속을 벗어나 느끼는 체감온도에 오장육부까지 시원하다고 환호성이 터졌다. 에어컨의 시원한 바람과 얼음을 동동 띄운 냉커피 한 잔은 그야말로 천국이었다.

이제야 살 것 같다며 나름 늘어놓는 수다에 우리의 인생도 마찬가지라고, 삶에도 굴곡이 있어야 그 진가를 깨닫는 것이고, 평탄한 삶이라면 아마도 그 삶은 무미건조할 것 같고, 폭염 속에서 땀을 쏟을 땐 지치고 고통스럽지만 잠시의 휴식으로 그 힘듦은 사함을 받는다고.

노동 뒤에 한 모금의 시원한 차와 잠깐의 휴식은 서로에게 위안이 되었고 마음의 여유를 얻어 노동이 전개되는 폭염 속으로 다시 들어갈 용기를 얻었다.

불볕더위에 노동을 하다가 육체적, 정신적 쉼이 필요해 찾아 온 잠시의 휴식은 분명 문명의 혜택이었다. 이렇게 편리하고 좋은 시대에 살고 있다는 것은 큰 축복이다.

옛 문헌이나 매스컴을 통해 본, 아주 오래전 시대의 삶은 지금 우리의 눈높이로 보았을 때, 도저히 불편해서 못 살 것 같다는 생각이 든다. 그러나 편리하고 좋은 환경을 갖추기 위해 우리가 지구를 점점 데우고 있다는 사실이다. 빙하가 녹고 있다는 사실이 이를 뒷받침하는 것이라고 한다.

주위를 돌아보면 집집마다, 하늘로 치솟은 건물의 칸칸마다

에어컨의 실외기가 뿜어내는 열기며, 흙길이 사라진 자리에 시멘트 포장길이 생기고, 그 위를 자동차가 달리고, 논밭이 사라지면 도시 하나가 생겨나고, 일상의 소소한 것들이지만 우리가 사용하고 있는 가전제품 등등 그 모든 것들은 우리의 삶을 풍족하게도 하지만 우리의 지구를 열기로 채우는 데 한 몫을 하고 있다는 점이다.

요즘 백 년 만의 폭염이요, 세계 각국의 날씨도 불볕이라고 한다. 2018년 4월엔 아침기온이 영하로 떨어져 과일들의 꽃눈이 저온피해를 받아 착과율이 떨어져 농민들의 마음을 힘들게 했다. 그리고 3개월 후, 기록적인 폭염으로 온열환자가 생기고 과일의 일소현상, 밭작물의 가뭄 피해, 가축의 폐사 등등 많은 피해를 주었다. 지금까지 겪어보지 못한 기상이변이다.

지구가 신음 소리를 내고 있다. 폭염 속에서 얼음 동동 띄운 한 잔의 차를 마시는 일조차 그에 일조를 하고 있다는 사실이다.

이 또한 얼마나 모순인가.

도시에선 흙을 볼 수 없다.

흙은 시멘트보다 열 흡수를 잘하고, 흙에서 초목들이 자라고 있으면 주위의 열을 식혀주기도 한다. 이제는 우리의 공간이 더이상 시멘트로 채워지는 일보다 자연을 훼손하지 않는 차원에서의 도시 계획이 이루어져야 한다.

어릴 적엔 어른이 되면 무슨 일이든 마음대로 하면 되는 줄 알았다. 나이들수록, 삶이라는 것을 알아갈수록, 쉬이 할 수 있는 일이 하나도 없다는 것을. 주어지는 문제 앞에서 최선을 다하고 정성을 다하지 않으면 안 된다는 점이다.

문명이 발달하면 할수록 우리의 삶은 정精으로 살아가기보다 물질이 관절의 연골처럼 사람 사이에 끼여, 오직 겉으로 보여 지는 현상만으로 판단하고 결정하게 되는 오류를 범할 수 있다. 그러므로 우리의 삶 속에서 사람과 사람 사이가 보이지 않게 시나브로 파괴되어 가고 있다는 사실이다.

인간의 편리를 위한 더이상의 발전이 필요한가!

조금은 불편해도 괜찮지 않을까!

아스팔트 위로 태양의 열기가 한껏 쏟아지고 있다. 그곳으로 시간이 역류하듯, 또 하나의 풍경이 영화의 한 장면처럼 지나간다. 미끈하게 솟은 미루나무들이 줄지어 서있는 신작로로 자동차가 툴툴거리며 달려간다. 흙먼지가 뽀얗게 인다. 책가방을 멘 어린 소녀가 흙먼지 속에서 사라졌다가 다시 나타난다. 구불구불한 신작로는 자동차가 모퉁이를 돌아설 때까지 뽀얗게 흙먼지를 날리고 있었다.

새벽 단상斷想

깊고 어두운 밤의 끝은 빛으로 온다. 빛은 기대와 희망을 품게 한다.

새벽은 노곤했던 육신을 잠시 내려놓고 쉬는 시간에 빛으로 다가온다. 어둠을 걷어내고 푸른빛으로 오는 여명은 새로운 시작을 의미하며 다가오는 상서로운 빛이다.

새벽이란 해가 떠오르기 직전부터, 해가 떠오르고 차츰 밝아지며 환해질 때까지를 말한다. 이후 완전히 환해지는 그때부터 아침이라 이른다. 옛사람들은 새벽을 구분해서 어두운 새벽을 꼭두새벽이라 하고 어슴푸레한 새벽을 어슴새벽이라 했다.

요즘은 시계가 있으니 정확하게 때를 구분할 수 있지만 아주 오래전엔, 시간의 구분을 상황에 따른 표현으로 새벽을 꼭두새벽, 어슴새벽으로 세밀하게 구분해서 소통하지 않았나 싶다.

새벽은 하루를 잉태하고 일어서는 시간이다. 태초의 공간, 양수 속의 평온을 내려놓지 못하고 애벌레처럼 꾸물거리고 있다. 성가신 알람 소리에 실눈을 뜨고 바라보는 자궁 밖의 풍경이 아슴아슴하다. 낯설지 않다. 어제와 다름없이 늙으신 어머니는 이미 머리에 빗질을 곱게 하고 계신다.

육신이 자꾸만 침대로 무너진다. 어제의 하루가 곤했던가. 피곤이 가시지 않아 부스스하게 맞이하는 이 새벽이 누군가에게는 해가 뜨고 지는 일 같지만, 누군가는 다시는 볼 수도 느낄 수도 없는 시간이다.

내게 허락되는 시간 앞에 기도한다. 살아있음에 감사하다고.

창문을 열었다. 산산한 바람이 달려와 온몸을 휘감는다. 새벽공기를 음미한다. 신선하다. 생결한 공기와 푸르스름한 낮빛으로 안겨 오는 새벽의 포옹에 카타르시스를 느낀다.

모든 생명체가 깨어나는 시간을 축복하듯, 동녘의 빛이 온 사방으로 퍼진다. 어둠이 스러져 가며 새벽 도로를 힘차게 질주하는 자동차 소리, 공사장 크레인도 '꺼억, 꺼억' 힘을 내기 시작하고, 틈새를 비집고 까치도 깍깍거린다. 모든 소리는 이 삶의 존재를 의미한다.

새벽은 새로 태어나는 시간이다. 새벽이 품고 오는 하루는 어제의 아쉬움들을 리셋할 수 있는 시간이기도 하다. 선물처럼 주어지는 하루를 맞이하며 어느 시인의 기도가 떠올라 옮겨 본다.

> 새 아침에 꽃씨 하나 받게 하소서, 작고 단단한 꽃씨 하나 어루만질 때, 씨앗 한 점에 우주가 담긴, 그 신비, 느끼게 하소서.

온 생명체의 움직임 소리로 시작되는 이 시간은 우리가 가고 있는 길의 희망과 포부를 잉태하고 있다. 매일 맞이하는 새벽은 감사와 축복의 선물이요, 우리에게 절로 주어지는 희망의 메시지다. 새벽을 품고 한달음에 나서 본다. 새로운 하루 속으로.

"내가 헛되이 보낸 오늘은 어제 죽어 간이가 그토록 바라던 내일이다." 소포클레스의 명언이 하루의 시작을 비장하게 한다.

제5부

화폭을 채우다

눈 내리는 날

눈 내리는 저녁, 짙어가는 어둠 속에서 저 멀리 희미하게 보이는 마을의 실루엣이 부드럽고 평온하게 보인다. 온갖 소리들로 떠들썩하던 세상이 고요해진다. 늘 접하는 세상과 사뭇 다르다. 경이롭다. 소담스럽게 내리는 눈이 공간을 가득 채우고 있다.

빈 골목, 빈 놀이터, 비어있는 벤치, 빈 나뭇가지에도 하얗게 쌓였다. 허기진 공간들이 소복하게 채워지니 바라보는 마음도 넉넉하다. 온 천지가 하얗다. 세상의 모습들이 점점 구분이 되지 않는다. 그리움이 짙어간다. 아이 같은 상상을 해본다. 세상이 초기화 되면 먼 세상으로 떠난 이들이 돌아올 수 있을까.

두 손을 활짝 펴 눈송이를 받아본다. 손바닥에 살포시 내려앉는 순간, 서늘하게 사라졌다. 손바닥엔 누군가의 흔적이듯, 이슬 한 방울만큼도 안 되는 눈물뿐, 형체 없는 흔적에 가슴이 먹먹해졌다. 다시, 눈송이를 받아본다. 이내 사라졌다. 이 삶에 영원한 것은 없다고 했는가. 만남과 이별에 대하여.

유독 눈길 위에서만 환하게 웃던 친구가 있었다. 하루를 쪼개가며 낮밤 없이 최선을 다해 살던 그는 '처음부터 다시' 라는 말을 즐겨 사용했다. 눈 내리는 날은 태초의 어느 시간 속에 있는 것 같은 카타르시스에 빠진다고 했다. 태초는 우주만물들의 기초에 의미, 모든 사물과 사건의 핵심에 의미를 둔다. 남다른 능력과 의욕이 컸던, 그는 지금 태초의 어느 곳에서 여전히 맑은 미소를 짓고 있겠지.

눈길을 걸었다. 아무도 밟지 않은 눈길을 특권처럼 걸었다. 바람이 유독 시려서 뒤로 돌아서려다 보니 내, 걸어온 흔적들이 난무하다. 어지럽다. 어디서부터 잘못된 것인지 모르겠다. 삶 속에서 원하는 대로 이루어지는 일들이 얼마나 될지, 다만 애써 보는 것이다.

무슨 일이든 노력하는 만큼이라 했는가. 하지만 딱히 그런 것도 아닌 듯하다. 삶의 벼랑 끝에 서있던 친구. 누구든 극한의 상황이 되면 정신 줄을 놓을 수밖에 없는가.

찬바람이 품을 파고든다. 시린 바람에 눈물이 마르고 눈길은 발을 디딜 때마다 미끄러진다. 넘어질 듯 말듯, 넘어지지 않으려 온몸으로 힘을 쏟았다. 길은 미끄럽고 몰아치는 북풍한설이 벅찼던 친구는 더이상의 행복도 불행도 없는 곳으로 떠났다. 눈 내리는 길을 따라.

산다는 일에 있어 그 무엇이 되었든 자신들이 감당할 수 있는 만큼이어야 한다는 것을. 어떤 일이든지 욕심이 앞서면 삶의 현실이 버거워지고 고통이 따르게 마련이다. 사람에게는 세 가지의 욕구가 있다고 한다. '식욕, 성욕, 수면욕.' 인간이 가지고 있는 이 세 가지 욕구는 가장 기본적인 욕구이며 본능적인 것이라고 한다.

그런데 우리는 이 본능의 욕구를 만족시키기 위해 또 다른 물욕의 유혹을 뿌리치기란 결코 쉽지 않다. 이 세 가지의 욕구는 본능이어서 인간의 마음으로는 다스리기 힘든 것이라 했다. 부처님은 위의 세 가지 욕구만 잘 다스릴 수 있다면 누구든 해탈의 길로 들어설 수 있다고 한다.

미끄러지는 눈길에서 허리를 곧추세웠다. 아무도 밟지 않은 눈길을 무릎과 무릎을 스치듯 걸었다. 뒤를 돌아보니 새하얀 길에 발자국이 선명하게 가지런하다. 뒤를 돌아보는 일은 놓친 시간들에 대하여 다시 생각할 기회를 얻는 일이다. 너무 늦게 깨달았지만, 지금부터 다시 시작할 수 있기에 다행이지 않은가.

가끔씩 가던 길 멈추고 돌아보는 것도 괜찮은 것 같지 않은가, 친구야.

연습 한 번 없는 우리의 인생, 초기화 할 수는 없겠지만 늦었다고 생각되는 순간, 다시 시작하는 것, 그 시간들을 놓치지 않을 기회를 얻는 일이다.

'만약 그랬더라면……, 친구야.'

미련처럼 외쳐 본다. 친구가 걸어간 그 길을 향해.

문밖의 소리에 혹여나 창문을 열었다. 어설픈 그리움이 짙어가는 공간으로 함박눈만 한없이 쏟아지고 있었다.

집으로 가는 길

유리벽을 사이에 두고 서로 손바닥을 맞댄 채, 어머닌 눈을 맞추며 입만 벙긋거리고 있다. 코로나바이러스 때문에 우리는 마임연극 배우가 되었다. 손 한 번 마주 잡아보지 못하고 유리벽 너머에 노모를 두고 돌아서서 오는 길이 휘청거렸다.

흰 옥양목 적삼 같은 감꽃이 쏟아져 장독대에 토돌토돌 모여 있다. 마치 한가족처럼. 새댁이 장독대 옆에 앉아 고운 손으로 감꽃목걸이를 만들고 있다. 네 살배기 여아가 엄마 곁에 쪼그리고 앉아있다. 정겹고 사랑스러운 사진 속 풍경이다.

노모의 눈빛으로 그리움이 한가득 출렁인다. 창으로 비가 내리기 시작했다. 한 방울, 두 방울 떨어진다. 여울이 진다. 흐른다. 철철 흐른다. 누릇하게 바래진 사진 한 장이 노모의 마른 손가락 끝에서 바들바들 떨리고 있다.

'집에 가고 싶어.'

하루에 한 번씩 노모를 찾아오는 노신사를 향해 나오지도 않는 목소리를 힘껏 뱉어내고 있다. 유리벽 너머로 소리는 들리지 않고 입만 오물거리는 아내를 노신사는 아픈 허리를 부추기며 말없이 내려다본다. 수분 기 하나 없는 어머니의 마른 손을 유리벽 사이로 맞대고는 고개만 끄덕인다.

몇 년 전, 파킨슨 초기라는 의사의 진단에 어머니는 입술을 파르르 떨었다. 치료만 잘하면 아주 천천히 진행될 것이라는 아주 작은 희망을 안고 최선을 다해 버텼지만 당뇨병과 함께 넘어지면서 고관절 골절로 병실 침대와 동행한 지 몇 년째인 어머니. 수술과 치료는 끝이 아니라 시작이었다.

한복에 흰 앞치마를 두르고 버선발로 바람소리를 내던 어머니는 어디로 가셨는지. 지금은 병상에 납작 엎디어 허공에 까만 눈만 띄워 놓고 있다. 건축업을 하시던 아버지의 뒷바라지며 오남매 키우느라 늘 동동거렸다. 명절이 다가와 장을 보러 갈 때면 어머니 잰걸음을 따라가지 못해 뛴걸음으로 쫓아다녔었다. 이제는 모두 옛이야기가 되려는지.

인생길의 시간은 엉킨 것들을 풀어내기도 하지만, 일상의 매듭을 단단하게 묶어 놓기도 한다. 어머니의 고관절이 골절이 되던, 그 시간만큼은 피할 수가 없었던 것일까. 그 시간 전으로 추를 되돌릴 수만 있다면.

병원에서 요양병원까지 가는 길은 참으로 빨랐다. 어머니의 고관절은 수술이 끝났지만 온전하게 돌아오지 못했다. 처음 병원 문을 열고 들어설 때까지만 해도 수술만 잘 끝나면 집으로 간다고, 흐릿한 정신에도 수술의 후유증을 견디느라 애를 쓰셨다. 하지만 누군가 곁에서 돌보지 않으면, 노모는 혼자 움직일 수 없는 상황이 되었다.

요양사의 간호를 시작으로 주간보호센터, 요양원, 또 다시 병원으로, 이제는 요양병원이다. 코로나 감염 예방 차원에서 자주 뵐 수도 없다. 어설픈 물질에 맡겨진 노모는 그리움이 짙어져 빠르게 쇠약해져 갔다. 자식들은 현실의 시간에 갇히고 노모는 세월의 늪에 갇혔다.

자식들은 어머니의 존재만으로도 힘이 되는데, 어머니는 움직일 수 없는 육신의 벽에 갇혀 집으로 가는 길은 점점 요원해지고, 코로나를 비롯하여 현실에 바쁜 자식들은 발걸음조차 뜸해졌다.

오랜만에 마주한 어머니의 눈빛이 허공에 달처럼 따라왔다. 겨울바람이 꼭꼭 닫아놓은 창문을 매섭게 흔들어대는데 또 하루 이승의 밤은 깊어만 간다.

진달래

진달래꽃이 온 천지로 붉다. 산모퉁이 길을 따라 아른거리던 봄빛이 선머슴처럼 이산 저산으로 튄다. 제 짝 찾아 헤매던 소쩍새는 밤새 목이 쉬도록 울어대더니 급기야 온 산을 불태우고야 만다.

'♬진달래 피고 새가 울면은 두고두고 그리운 사람♬'

그녀가 쉴 새 없이 웅얼거리는 노랫말이다. 수수깡 같은 몸을 자신의 노랫가락에 맡기곤 신이 났다. 그녀의 기억은 사계절 중, 오로지 봄에 멈춰 있고, 유일하게 진달래꽃은 기억한다. 이름을 물어보면 "진달래." 하고 생긋이 웃어준다.

"진달래 씨, 오늘 목욕하는 날인 거 알지"

그가 진달래 씨라 부르는 그녀는 쪼그리고 앉으면 무릎이 귀를 넘어간다. 막내아들쯤 되는 남자가 다정스레 말을 걸자 그녀는 귓불이 빨개졌다. 그녀가 수줍거나 부끄러울 때 나타나는 반응이다.

그녀의 방문을 여는 순간 역겨운 냄새가 코를 찔렀다. 하지만 그는 개의치 않고 궂은일들을 처리했다. 혹여 자신의 손이 거칠어서 그녀의 살에 작은 통증이라도 전해질까 염려스럽다고 했다. 목욕시키고 기저귀까지 갈아주니 개운한가 보다 폭 꺼진 볼우물을 우물거리며 연신 생글거린다. 부끄러워 빨개진 귓불이 봄 산에 진달래꽃을 꼭 닮은 그녀가 어느 날, 홀연히 길을 떠났다.

주위 도움의 손길이 보내준 선물들을 사용해 보지도 못하고 먼 길 떠났다고 기저귀 보따리 끌어안고 그가 운다. 어느 누구도 거역할 수 없는 길을 떠나는 그녀를 위해 할 수 있는 일이 아무것도 없다고 그는 울기만 했다.

인생은 누구나 생각대로 원하는 대로 살아지는 일이 아닌 것 같다. 어느 시간 속에서 잠시 머물다가 어느 날, '툭' 하고 바람에 꽃잎 지듯, 사라지는 여린 꽃잎 같은 것이 우리 인생이다. 누구든 자신의 삶은 자신의 모습으로 살다가 원래의 모습으로 돌아가는 일일 뿐이다. 그러므로 산다는 것, 역시 자연의 일부인 것이다.

그는 퇴근이 늦거나, 일이 있어서 하루라도 그녀를 살피지 못하면 마음이 허전하고 불안했단다. 그는 거의 매일 요양원을 찾았다. 혈육지간도 힘든 일인데, 남남인 누군가를 지극정성으로 보살핀다는 일은, 천성으로 타고나야 되는 것일까. 아니면 저마다의 인생에 져야 하는 짐들이 따로 있는 것일까.

그를 통해 내 삶의 기준을 어디에 두고, 또 어떻게 살아가야 하는 건지 들여다보다가 절로 고개가 숙여졌다. 하지만 각자의 삶에 옳고 그름을 가리기보다는 각자의 삶 속에서 자신의 모습대로 살아가면 되는 것이리라.

자신의 모습이 곧 자연이다. 자연은 거기에 무엇을 더하든 덜하든 자연이라는 영원히 변함없는 본성이 있다. 자연은 모든 물상들이 지닌 본래의 모습과 품으로, 있는 그대로의 모습에서만 느낄 수 있는 자유와 안정된 편안함이 있다. 그것이 바로 우리가 질곡의 삶에서 지치고 힘들 때, 상한 마음을 이끌고 가끔 씩 자연을 찾게 되는 이유다. 그 자연 속에서 우리는 위로받고 재충전의 힘을 제공받을 수 있다.

사람도 그 모습과 색깔들은 서로 다르지만 나보다 남을 먼저 생각하는 결 고운 이들이 있어 세상은 살 만한 곳이라고 말할 수 있다. 그 역시 사회보장 혜택을 받지 못하는 연로한 이들의 자식이 되어 조용히 자신의 향기를 세상과 나누고 있었다.

어둡고 추웠던 겨울이 지나면 누구에게든 시나브로 봄이 온다. 봄은 우리에게 또 다른 시작이며 새로운 날들에 대한 기약이고 희망이다. 이제 그녀는 기저귀 가는 일도, 목욕하는 일도 모두 남의 손을 빌리지 않아도 된다.

진달래 씨에게 선물처럼, 잠깐씩 어린 시절 기억을 되돌려주었던 것은 그녀의 방에 사시사철 꽂혀있던 조화로 된 진달래였다. 기억을 놓쳐버린 그녀를 보내고 난 뒤, 소소리바람에도 서둘러 피어나는 진달래꽃은 그에게 두고두고 그리운 사람이 되었다.

찰나의 어느 한 시절 수줍음 때문인가. 붉게 달아오른 그녀의 귓불 같은 진달래꽃잎이 바람결에 살포시 고개를 젓힌다.

"진달래 씨, 아직도 부끄러워?"

"♬진달래 피고 새가 울면은 두고두고 그리운 사람♬"

중저음의 목소리가, 손에 잡힐 듯, 나지막이 깔린 봄 하늘로 잔잔히 퍼진다. 봄이라는데 바람이 차다. 그러나 이곳 요양원은 꿀과 향기를 온전히 나누는 그가 있어 언제나 봄날이어라.

뚝배기

뚝배기 국밥 한 그릇이 참 따뜻했다. 뚝배기는 냄비처럼 쉽게 끓지는 않지만 뜨거워진 것은 쉽게 식지 않는다.

뚝배기는 찌개나 지지미를 끓일 때 또는 육개장, 설렁탕, 삼계탕 같은 기름진 음식들을 끓이거나 담을 때 사용하는 토속적인 그릇 중 하나다. 생김도 투박하고 한 손으로 잡기에도 무겁다. 그렇다고 색깔이 아름답거나 예쁘지도 않다. 낯선 초행길에 지쳐있는 나그네에게 따스한 사랑과 정으로 에너지를 넣어준, 따끈했던 뚝배기 한 그릇은 어느 진수성찬보다 더 오래 기억될 것이다.

뚝배기는 오지그릇과 질그릇이 있다. 붉은 진흙으로 만들어 가마에 넣고 구운 다음 잿물을 입혀 다시 구워 만든 것으로 검붉은 윤이 나는 것은 오지그릇이고 오지그릇처럼 만들어서 잿물을 입히지 않아 겉면이 윤이 나지 않고 거친 듯한, 느낌이 있는 것을 질그릇 또는 질뚝배기라 한다.

질뚝배기는 신석기인들이 만들어 쓰던 즐문토기에서 청동기시대의 무문토기로 이어지던 고대의 토기 공정이 거의 그대로 이어진 것이라 볼 수 있다고 하는데 그 형태는 지역에 따라 조금씩 다르다고 한다.

뚝배기는 그 자체에 직접 열을 가하여 음식을 조리할 수 있고, 뜨거운 음식을 담으면 그릇의 표면이 뜨겁지 않아 사용하기에 좋다. 담겨있는 음식물은 잘 식지 않아 다 먹을 때까지 따끈하게 먹을 수 있다. 문명이 고도로 발달된 지금도, 우리는 된장 찌개나, 계란찜, 기름기가 있는 음식들을 뚝배기에 담아 그대로 밥상에 올려 따끈하게 즐기고 있다.

업무 차, 강원도를 다녀올 일이 있었다. 삼월이지만 강원도엔 함박눈이 내렸다. 바람까지 차고 강했다. 환상적인 볼거리가 있어 눈은 즐거운데, 초행에 구불구불한 산길을 달려야 하는 현실 앞에서 마음이 편치 않았다. 공교롭게도 늦은 출발에 약속 시간을 맞추기가 빠듯했다. 2차선 국도에 더하여 습기를 머금은 눈인지라 길은 상당히 미끄러웠다. 오르막내리막 길이 경사가 심해 등줄기로 진땀이 솟았다. 시간은 도둑맞은 듯 사라지고 약속 시간은 이미 어겼다. 슬슬 허기가 지고 피로감이 쌓이기 시작했다. 서두를수록 시간은 더 빨리 사라지는 것 같다. 무엇을 향한 몸부림인지.

어차피 늦은 시간이다. 시간에 쫓길 것이 아니다 싶어 미팅 상대에게 양해를 구하고 나니 기다렸다는 듯, 피곤이 몰리고 허기가 들었다. 금강산도 식후경이라고 핸드폰 검색을 했다. 1km 앞 즈음해서 음식점이 잡혔다. 외진 산길에 음식점이 있다니 지친 나그네에겐 축복이었다.

그러나 기다리는 것은 음식점 간판뿐. 허탈감에 잠시 쉬고 있었다. 일흔이 넘어 뵈는 할머니가 말을 건넨다. 식전이라는 말에 식당은 코로나로 여행객들이 오지 않아 잠시 문을 닫았다면서 할머니 집으로 안내했다. 뚝배기에 쌀뜨물 넣고 된장 풀어 지난가을 배추로 뜨끈하게 국밥을 말아 주셨다.

따뜻한 사랑이 담긴 뚝배기 한 그릇. 표면은 뜨겁지 않아도 음식은 따끈했다. 따끈한 뚝배기 사랑에 몸과 마음을 흠씬 적셔냈다. 그래서 세상은 살 만한 곳이라고들 하는가.

어느 산골 할머니의 따끈한 뚝배기에 담긴 사랑과 정은 고갯길을 뚜벅뚜벅 넘고 넘어 긴 행렬로 이어질 것이다.

정말 바쁜 탓이었을까

후덥지근한 바람이 도시의 좁다란 회벽 사이를 돌아나온다. 텁텁하면서 쿰쿰한 냄새가 속을 뒤집는다. 수많은 자동차들이 오가는 도로는 뜨거운 열기를 견디지 못하고 자동차 바퀴에 꿀렁거렸다. 거리를 오가는 사람들도 한낮의 태양을 양산과 모자로 가려 보지만 소용없다. 바닥에서 올라오는 열기까지 보태니 도시는 열탕 속이다.

숨이 턱턱 막히는 칠월의 오후. 사방을 둘러보아도 모두가 낯설다. 물컹거리는 도로를 꿀렁이며 달려가는 자동차들이 토해놓는 굉음만이 도시를 감쌀 뿐, 무표정해 보이는 사람들은 주위는 관심도 없이 바쁜 걸음만 재촉하고 있다.

낯설다.

열기와 습기를 잔뜩 머금은 도시는 시간의 바퀴에 매달려 하루를 결정하고 이틀, 사흘, 일 년이 되고 수년, 수천이 되고, 그러는 동안 사람들은 차곡차곡 회벽을 타고 오른다. 욕망의 벽을 하늘 끝까지 쌓아 올리려나. 순식간에 논과 밭이 사라지고 그 곳으로 도로가 생겨나고 도시가 만들어진다.

봄이면 냉이와 쑥 향이 물들고, 칠월 해거름 녘엔 개구리 울음소리가 가슴을 울렁이게 하던 곳, 푸른 바람과 초록 향기가 나를 키우던 곳, 나지막한 동산 오솔길로 풀꽃들이 나긋나긋 말을 걸어오던 곳이 모두 사라졌다. 대신에 매끄럽게 포장 된 도로와 회벽들이 당당하게 자리를 차지하고 있다. 흙 한 줌 뵈지 않는 도시의 좁은 골목을 휘돌던 바람이 후끈하게 다가와

심기를 건드린다.

흙은 생명의 근원이다.

눈에 뵈지 않는 작은 미생물을 품고 생명을 잉태하는 곳이다. 작은 씨앗들이 촉을 틔우고 커다란 나무로 자라 열매를 맺고 그 열매는 인간과 동물과 새의 먹이가 된다.

흙이 사라지고 회벽과 시멘트로 포장되는 공간들이 점점 열기를 더해 간다. 늘 느끼고 겪는 일이지만 도심의 후끈한 공기가 싫다. 회벽은 볼 때마다 낯설다. 하우스에서 채소를 키우며 생을 이어가던 농부가 “이 땅을 내놓고 나는 무엇으로 먹고살아. 평생 이 터전에서 먹고 살았는데 앞으로 어쩔 것이여.” 목젖으로 꺼이꺼이 넘어가는 외침이 긴 한숨으로 이어진다.

창문만 열면 보이던 칠월의 들녘이 그립다. 푸른 하늘과 녹색물결, 계절의 향기가 있어 생각만으로도 가슴이 뛰는 시절이 있었다. 비 오는 날이면 호박전이 오가던 돌담, 해거름 녘 고샅을 뛰놀던 어린아이들의 소리가 낯선 골목들을 휘감고 달려왔다.

흙은 우리의 가슴에 설렘과 그리움을 품게 하는 둥지다.

동싯한 감자를 키워내고 옥수수도 키워 내, 방학 때면 으레

손자를 기다리는 할머니의 그리움도 키웠다. 할머니의 감자를 반으로 팍 쪼개면 파삭하니 하얀 김이 오른다. 하얀 속살을 한 입 베어 물면 할머니의 달달한 사랑이 입 안 가득 피어오른다. 흙은 어머니의 그 어머니의 줄기를 타고 끝없이 이어지는 정신의 맥脈인 것이다.

그 시절의 시간은 느렸다. 천천히 흐르는 시간은 정을 나누고 서로를 바라볼 줄 알게 했다. 비록 물질은 부족했지만 느린 시간 속에서 마음만은 넉넉했다.

물질이 만연하고 생활이 편리해진 지금은 오히려 시공간은 가까워졌다. 전화 한 통이면 아무리 먼 곳이어도 정겨운 목소리를 들을 수 있고 마음만 먹으면 웬만한 곳은 자동차로 한 두어 시간이면 갈 수 있다. 그러나 냉정하고 정확하게 돌아가야 하는 도시의 시간은 잠시의 여유조차 허락하지 않는다. 그러므로 사람과 사람사이의 간격이 멀어져만 간다.

자연의 시간은 변함이 없는데 변하는 것은 언제나 사람들이다.

나 역시 바쁘다는 핑계가 먼저다. 정말 바쁜 탓이었을까.

화폭을 채우다

쪽빛 물감을 풀어놓은 듯한, 하늘을 배경삼아 노랗게, 붉게 물들어 가는 산야가 참으로 곱다. 아름답다. 푸르던 초목들이 오색으로 어우러지니 황홀하다.

때가 되면 오고 가는 것이 자연의 섭리라 하거늘, 지나간 시간들에 대하여 미련을 품은 발길이 가을 한줌 볕에 머물렀다.

푸른 허공으로 붉은 선 하나가 유영을 한다. 이 삶에 연緣을 끊어내고 홀로 그리는 선율이어서일까. 떨어지는 낙엽 한 장이 아름답다. 아니다. 오히려 처연하다. 푸르고 창창했던 날들이 어느새 지는 낙엽의 시간이 되었다. 그들을 바라보는 마음으로 서글픔이 스미어 절제가 되지 않는다. 소리 없이 흐르는 시간이 냉정하다. 이미 흘러간 것들에 대하여 돌이킬 수 없음이요, 흐르는 시간 또한 멈춤이 없으니 그저 안타까울 뿐이다.

어느 가을 날, 그녀는 노랗게 물든 은행잎을 흔들어주며 치료 잘 마치고 돌아오겠다면서 병원으로 향했다. 요양원에서 심신을 보듬다가 환부에 통증이 심해지면 병원을 다녀오곤 했었다. 이번에도 당연히 그럴 줄 알았다. 입원치료 중에도 매일 신부님의 강론이며 이미지화 된 성경 구절을 카카오 톡으로 보내왔다. 우리는 떨어져 있어도 서로 의지하고 바라보며 서로에게 위로가 되었다. 그렇게 하루, 하루라는 시간을 함께 채워가고 있었다.

통증이 심해질 때를 제외하고는 거의 빠짐없이 보내오던 카카오 톡 문자가 어느 날부터 오지 않았다. 이는 견디기 힘들

정도로 통증이 악화되었음을 의미한다. 그럴 땐 강한 진통제를 처방해도 소용없다. 통증이 심해지면 실신을 할 때도 있다. 불안했다. 연락도 못하고 안절부절 일주일이 지났다. 그녀는 미혼이었고 가족들의 연락처도 모르니 답답했다. 소식이 끊긴 지 열흘째. 혹시나 일이 생긴 건 아닐까 덜컥 겁이 났다. 무섭고 두려웠다.

같이 요양을 하던 암 환우들의 건강이 급격히 악화되거나 통증이 심해져 병원을 가거나 세상을 떠나게 되면 대부분의 암 환우들은 영혼이 먼저 지친다. 멘탈이 급하강되면서 건강이 악화되는 경우가 더러 있어, 신부님은 남아있는 환우들의 안정된 심신을 염려해서 환우들에게 그녀를 위해 기도를 열심히 하라고만 하셨다.

보름이 지났다. 더 기다릴 수가 없었다. 어렵게 통화를 시도했다. 나쁜 소식이 들려올까 온몸이 떨렸다. 순간 하늘이 무너져 내렸다. 없는 전화번호란다. 눈앞이 캄캄해졌다. 숨을 쉬지 못했다. 뛰던 심장이 멈추고 끝 모를 어둠 속으로 한없이 추락하며 질러대는 소리 없는 절규에 정신을 잃었다.

그녀 자신이 환자임에도 함께하는 환우에게 통증이 나타나면 자신의 몸이듯, 정성껏 간호를 해주며 멘탈이 약해지지 않도록 앞장서서 기도하고 찬송하고 성경 말씀을 나누곤 했다. 때론 마음이 약해진 환우들이 느슨해진 멘탈을 다잡을 수 있도록 듬직한 동료, 언니, 동생이 되어주던 그녀다. 정작 자신은 뼈로 진행되는 암세포가 서서히 깊어져가고 있었던 것이다.

그녀는 믿음이 깊은 카톨릭 신자이면서 전직 간호사였다. 종합병원 수간호사로 일을 하던 중, 뼈 암(골육종) 선고를 받았다고 한다. 오랜 시간 치료를 했지만, 현 상태를 유지하기 위해 찾아온 요양원에서 나와의 인연이 되었다. 가을 빛은 투명하고 맑아서 좋다던 그녀와 운동도 할 겸해서 요양원 산책로를 늘 함께했다. 우리는 격려하듯 찾아오는 하루, 하루를 사랑과 감사로 채워가고 있었다. 깔끔한 외모에 고른 하얀 이를 드러내며 짓는 미소가 상큼했던 그녀가 떠나 던 날을 함께 하지 못했다. 그 하루는 아무것도 채워 넣지 못하고 빈 화폭으로 남겼다.

요양원 산책길에서 노란 은행잎을 주웠다. 예쁘게 노랗던 깔이 아니다. 빛을 잃었다. 사라지는 시간을 따라 가을빛도 퇴색되었다. 한 시절 피고 지는 초목도 우리의 모습을 닮은 것인가, 우리가 그들을 닮아 가는 것인가. 퇴색되어버린 은행잎을 바라보며 허망함이 이니 외로움이 스미고 그리움만 절절히 가슴을 파고드니 그 곁에 결 고운 바람이요, 한 줄기 따스한 빛이고 싶다.

가을빛을 따라 작은 동산을 걷는다. 단풍이 고와서도 아니요 바람결이 좋아서도 아니다. 한 줄기 인연의 그리움을 좇아, 고해하듯 거친 숨을 뱉어낸다. 한 발, 한 발 내딛는 발걸음 소리에 나의 존재를 확인한다. 기력을 다해 펌프질을 하는 작은 심장은 온몸을 땀으로 적셔내며 제 존재를 일러준다.

나 역시 쉽지 않은 여정이었다. 감당하기 어려운 시간 속을 헤매기도 하고 그 길 위에서 방황도 했다. 나지막한 오름조차 겨우 겨우 오르는 하나의 생명을 떠받치기 위해, 바지런히 나대는 나의 작은 심장에게 연민이 일었다.

육체가 곤고해지니 생각은 단순해지고 고분고분해졌다. 가을이면 스스로 떨어지는 낙엽 한 장이 내일을 위한 밑거름이 되어주는 늦가을 어느 날, 낙엽이 떨어지는 까닭에서 힘을 얻는다. 또한 이 가을길이 그토록 아름다운 이유가 된다는 것을.

가을은 사랑의 빛으로 채우고 오색의 빛으로 이별을 한다. 자연은 그 모두를 온전히 품어 온 시간들을 화폭에 채운다. 그녀의 고운 마음이 가을빛으로 환우들의 마음을 가득 채워간다. 이제야 그 날의 빈 화폭에 그녀를 보내는 마지막 인사로 채워 가을빛에 전한다.

'박율리아, 아픔도 고통도 없는 그곳에서 평안하시기를.'

이야기가 있는 풍경

봄날

천생에 화냥기로

대청호가 당실당실 여울을 품었다

그뿐이 아니다

하늘도 품고 구름도 품고 바람도 품고

화르르 날리는 꽃잎도 품었다

나도

그러고 싶다

목련

사정없이 내려치는 눈보라도

살가운 듯 차디찬 눈초리도

별것 아니더라.

언 땅에 뿌리박고 선

그대는

소리 없이 견뎌 온 긴 기다림의 연서

어느덧

다사로운 사랑의 몸짓에

조심스레 하늘이 열리고 피어오르는

고결한 자태

순백의 혼

그대는

범할 수 없는 사랑

배미실재의 추억

배미실재 숲에서 한낮에 뻐꾸기가 울었다

소년은 시집간 누이를 기다렸다

책 보따리 허리춤에 질끈 동여매고, 맨발에 마른 흙 묻히고

검정 고무신을 신고 집으로 내달렸다

누이는 뵈지 않고

사립문 틈새로 보이는 툇마루엔

햇살만 길게 드러누웠다

소년은 부뚜막에 걸터앉아

무장아찌에 보리밥에 물 말아 눈물도 찔끔 삼키고

한 줄기 바람과 햇살을 따라 유월의 숲으로 갔다

귀밑머리 희끗희끗 날리는 시간의 강 저편엔, 여전히
장다리꽃이 자지러지고
양 갈래 머리 곱게 땋아 늘인 누이와
젊어서 고운 어머니가 손톱에 봉숭아물을 들이는데
배미실재 숲에선 더이상 뻐꾸기는 울지 않았다

갈대의 연정

가녀린 목 길게 늘이고
무작정 기다리는가
무심의 강을

강 언덕에
봄은
수없이 오갔건만
한 마디도 전하지 못한 연서

진액조차 말라버린 텅 빈 육신
꼿꼿이 세우고도
왜
한곳만을 응시 하는가.

순결한 힘 그 사랑이
그 사랑이
그대를
겨울 강가에 그대로 서있게 한다는 것을

서로에게 힘이 되어

긴 장마였다. 비구름을 걷어내고 드러난 하늘이어서 유난히 푸르고 깨끗하다. 오랜만에 느껴보는 쾌청함이다. 밝고 화창하여 좋다. 그동안 흐리고 눅눅하고 칙칙한 날들이 지속되어 기분까지 저조했었다.

그런데 장마가 끝난 뒤의 햇볕이 강했다. 온실 속에서 자라던 식물이 온실을 벗어나 햇볕을 견디지 못해 시들해지는 것처럼 몸이 지쳐간다. 점심식사를 하기 위해 식당으로 가는 길이 그리 멀지 않음에도 몸은 빠르게 지치고 피부에 와 닿는 햇볕이 뜨거웠다. 장마가 진행되는 동안 자신도 모르게 흐리고 비 내리는 날씨에 적응이 되었었는지, 에어컨이 작동하는 식당으로 들어서고 나서야 숨이 쉬어지는 것 같다. 이는 잠시 느껴지는 기분 탓이던가.

긴 장마가 끝나고 밝고 화창한 날씨가 좋았지만 뜨겁게 내리쬐는 햇볕은 적응이 되지 않았다. 낯설었다. 마치 피부의 보호막이 벗겨진 듯 육신은 빠르게 지쳐가고, 비 내리고 흐렸던 날들을 떠올리게 한다. 이를 두고 변덕스럽다 해야 하는가. 사람은 습관처럼 익숙해진 환경에서 낯선 환경으로의 변화에 적응력이 요구되어지는 것 같다.

사람은 환경에 적응해가면서 생김새와 행동방식이 달라진다고 한다. 추운 곳에 사는 사람과 더운 곳에 사는 사람을 비교해보면 추운 지방에 사는 사람들은 피하지방이 발달되어 있으며 몸무게가 많이 나가는 편이고, 더운 지방에 사는 사람들은 몸속의 열을 많이 방출해야 하므로 피하지방층이 필요하지 않아 따듯한 지역으로 갈수록 사람들의 평균 몸무게가 줄어들었다고 한다. 기후에 따라 우리가 거주하는 집의 구조나 먹는 음식이 다른 이유도 그로 인한 것이라 한다.

지구상에 모든 생명체들은 환경에 적응해가며 살아가고 있다 한다. 그 과정에서 함께 살아가기 위해 서로 의지가 되고 서로에게 버팀목이 된다면 어떤 난관에 부딪치더라도 빠르게 대응하고 적응하며 멋지게 극복해 나갈 수 있지 않을까.

이번 장마는 6월초부터 시작해 8월 말복쯤 되어서야 끝이 보였다. 많은 이재민이 생겼다. 산사태며 도로가 끊기고 인명피해도 많았다. 사람이 실종되고 살던 집이, 자식처럼 돌보던 농작물들이 물속에 잠겼다. 그들은 가지고 있던 것들을 한순간에 잃고 절망의 끝에 망연자실 서있다. 사람들은 안 좋았던 환경에서 좋은 환경으로의 변화에는 적응이 빠르지만, 대부분 반대 상황에서는 쉽지 않을 것 같다. 역경을 딛고 일어서야 하는 일이다. 정신적, 육체적 고통을 견디며 버텨내야 하는 일이기에.

수해현장에선 이재민들이 빠른 복구를 위해 땀을 흘리고 있다. 그들은 좌절을 딛고 일어서기 위한 힘겨운 여정을 앞에 두고 있는데, 만인을 위해 일하겠다고 나선 이들은 수해의 원인이 4대강이냐, 태양광이냐를 놓고 논쟁만 벌이고 있다. 수해지역에서 가장 시급한 것은 빠른 복구다. 말보다 행동이 우선되어야 하는 현장에서 서로의 힘을 합쳐도 어려운 일인데 문제 해결을 위한 수순은 뒷전이고 누구의 잘못인지에 초점을 두고 논쟁만 벌이고 있을 것인가. 발등에 불부터 끄고 나서 천재인지, 인재인지 매듭을 풀어가야 하지 않을까. 훗날 똑같은 일들이 다시는 일어나지 않도록 하기 위해서라도. 무섭고 두려웠던 물난리 속에서 200리 길을 떠내려갔던 소가 살아서 제 집으로 돌아왔다는 소식에 울컥 목이 메었다. 커다란 눈을 끔벅이며 제 주인을 쳐다보는 소의 순한 눈빛이 가슴을 저리게 한다.

우사로 물이 차오르자 문을 열어 살길을 열어 준 주인의 지혜로 급박한 상황에서 위기를 모면할 수 있었다. 어렵고 힘든 상황 앞에서 네 탓이요 너 탓이요 하기보다 서로의 지혜를 모아 매듭 먼저 풀어 놓는 일이 우선이다. 짐승도 위기에서 살아남아 제 주인을 찾아오는 영화 같은 한 장면을 보면서, 보잘것없이 작은 힘이라도 함께 살아가는 동안 가까이는 내 가족, 이웃에게 보탬이 되는 마음 한 자락 간직하고 싶은 날이다.

모서리

산을 오르다 보면 정상을 향하여 오르는 길이 여러 길이 있다는 것을 알 수 있다. 우리는 각자의 삶을 위해 가야 할 방향을 설정하고 매우 열심히 걸어가고 있다.

그런데 우리는 혼자가 아닌 여럿이 함께 살아가고 있기에

때론, 같은 목적으로 함께 가야 할 때가 있다. 그곳을 향해 가는 방법은 같거나, 다를 수 있다. 산의 정상을 향하는 길이 여러 갈래 길이 있는 것처럼.

공동체 속에서 어느 한 쟁점을 두고 한목소리를 낼 수 있다면 더없이 좋겠지만, 개개인이 처해 있는 상황이 다르다 보니 생각하는 방향과 바라보는 잣대의 길이 또한 다를 수밖에 없다. 그런데 각자의 잣대가 다르다는 것을 인식하지 못하고 자신만의 잣대를 들이대며 제 목소리만 키워대는 이들이 있다. 그것은 누군가에게는 보이지 않는 곳에 상처와 멍을 남기게 된다.

연속되는 강추위에 집에 머무르게 되었다. 바쁘다는 이유로 정리되지 못한 집안을 이 기회에 정리하고자 좁은 구석에서 움직이다 옆구리를 부딪쳤다.

깊숙이 파고드는 통증에 현기증이 일어 그 자리에 주저앉고 말았다. 호흡조차 가누기 힘들었다. 한참을 움직이지 못하고 있다가 몸을 추슬러 아픈 곳을 살펴보니 검붉은 멍이 들었다. 보기에도 섬뜩했다. 대부분 타박이나 어딘가에 부딪치게 되면 어느 정도 시간이 지나면서 멍이 나타나는 걸로 기억하는데 순식간에 멍이 들었다. 아마도 누군가 곁에 있었더라면 엄한 화풀이 대상이 되었을지도 모른다. 부딪친 부위를 달래가며 범인을 물색했다. 철제상자 모서리였다. 모질게 당했다. 누구를 탓하랴. 좁은 구석에 가져다 둔 탓이다.

'모서리'를 사전에 찾아보면 "물체의 모가 난 가장자리, 또는 기하학에서 다면체의 면 두 개가 만나서 생기는 선분이다."라고 되어 있다. 생활 주변에서 우리는 많은 모서리들을 발견하게 된다. 주위를 살펴 보면 모서리가 참 많다는 것을 알 수 있다. 책상모서리를 비롯해, 집안에서도 곳곳에 모서리가 있다. 주방에서도 바쁘게 식사 준비를 하다 보면 싱크대 위 선반 문을 열어놓고 미처 닫지 않아 이마를 모서리에 부딪치는 일이 종종 있다.

집이든, 사무실이든, 어디에서나 주위를 조심하지 않으면 자칫 모서리에 부딪치는 일이 다반사다. 부딪쳤을 때 속으로 파고드는 통증은 부딪쳐보지 않고는 고통의 깊이를 알 수 없다. 그러나 무언가에 부딪쳐 아픈 것은 드러나니 눈으로 볼 수 있어 아픔에 대해 굳이 말하지 않아도, 그 느낌을 어느 정도 알 수 있다. 하지만 마음에 생기는 상처나 멍은 보이지 않으니 그 아픔을 가늠할 수가 없다.

살다 보면 내 생각과 다르다는 이유 하나로 모서리를 세우는 일들이 종종 있다. 서로의 생각이 다르다는 것은 그 문제에 대하여 한 번 더 돌아 볼 수 있는 여지가 될 수 있거나, 또한 매듭을 풀어가는 과정에 있어 여러 방법을 생각 하게 되는 기회이기도 하고, 그를 통해 한 발 더 나아갈 수 있는 디딤돌이 될 수도 있는 것이다. 그런데 단지 나와 생각이 다르다고 모서리를 세우는 일은 서로에게 상처와 멍을 남기게 된다.

날선 모서리가 누군가를 향해 아픔과 고통을 주는 것이 아닌, 두개의 면이 만나 이루어지는 모서리들이 서로의 마음을 보듬어주며 서로를 위하고 지켜 갈 수 있는 멋진 모서리가 된다면 세상은 살 만한 곳이 된다.

영하 20도를 기록하는 강추위에 눈까지 퍼붓는다. 코로나로 답답하고 날씨마저 사람을 움츠러들게 하니 마음이 평안치 않다. 보태서 내려올 줄 모르고 오르기만 하는 부동산 가격이며 만인 앞에 서서 만인을 위하여 일하겠다고 나선 이들의 생각은 방향이 어디를 향하고 있는지 여전히 혼돈스럽다.

새해엔 어둡고 힘겨운 상황에서 벗어나 우리 모두의 몸과 마음이 부딪침 없이 평안하기를 기대해 본다.

육정숙 수필집

화폭을 채우다

인쇄 2021년 10월 25일
발행 2021년 10월 30일

지은이 육정숙
발행인 서정환
펴낸곳 수필과비평사
주소 서울시 종로구 삼일대로 32길 36(익선동 30－6 운현신화타워) 305호
전화 (02) 3675－3885, (063) 275－4000 · 0484
팩스 (063) 274－3131
이메일 sina321@hanmail.net essay321@hanmail.net
출판등록 제300－2013－133호
인쇄 · 제본 신아출판사

저자와 협의, 인지는 생략합니다.
잘못된 책은 바꿔 드립니다.

ISBN 979-11-5933-369-9 03810

값 13,000원

Printed in KOREA

* 이 책은 충청북도 CHUNGCHEONGBUK-DO 충북문화재단 Chungbuk Cultural Foundation 의 후원으로 문화예술육성지원사업의 일환으로 지원 받아 발간되었습니다.